대원불교
학술총서
38

대원불교
학술총서
38

업이란 무엇인가

• • •

행위와 도덕의 불교사상사

• • •

히라오카 사토시 지음
법장 옮김

• • •

운주사

<GO>TOHA NANIKA–KOI TO DOTOKU NO BUKKYO SHISOSHI
by Satoshi Hiraoka
Copyright © Satoshi Hiraoka, 2016
All rights reserved.
Original Japanese edition published by Chikumashobo Ltd.
Korean translation copyright © 2025 by UNJUSA
This Korean edition published by arrangement with
Chikumashobo Ltd., Tokyo, through EntersKorea Co., Ltd.

이 책의 한국어판 번역권은 (주)엔터스코리아를 통해 저작권자와 독점 계약한 운주사에 있습니다. 저작권법에 의하여 한국 내에서 보호를 받는 저작물이므로 무단전재와 무단복제를 금합니다.

발간사

오늘날 인류 사회는 4차 산업혁명을 통해 완전히 새로운 세상을 맞이하고 있습니다. 전통적인 인간관과 세계관이 크게 흔들리면서, 종교계에도 새로운 변혁이 불가피하게 되었습니다. 이런 상황에서 대한불교진흥원은 다음과 같은 취지로 대원불교총서를 발간하려고 합니다.

첫째로, 현대 과학의 발전을 토대로 불교를 현대적으로 재해석할 필요가 있습니다. 불교는 어느 종교보다도 과학과 가장 잘 조화될 수 있는 종교입니다. 이런 평가에 걸맞게 불교를 현대적 용어로 새롭게 이해할 수 있도록 하려고 합니다.

둘째로, 현대 생활에 맞게 불교를 이해할 필요가 있습니다. 불교가 형성되던 시대 상황과 오늘날의 상황은 너무나 많이 변했습니다. 이런 변화된 상황에서 부처님의 가르침을 제대로 이해할 수 있도록 하려고 합니다.

셋째로, 불교의 발전과정을 종합적으로 이해할 필요가 있습니다. 북방불교, 남방불교, 티베트불교, 현대 서구불교 등은 같은 뿌리에서 다른 꽃들을 피웠습니다. 세계화 시대에 부응하여 이들 발전을 한데 묶어 불교에 대한 총체적 이해가 가능하도록 하려고 합니다.

대원불교총서는 대한불교진흥원의 장기 프로젝트의 하나로서 두 종류로 출간될 예정입니다. 하나는 대원불교학술총서이고 다른 하나는 대원불교문화총서입니다. 학술총서는 학술성과 대중성 양 측면을 모두 갖추려고 하며, 문화총서는 젊은 세대의 관심과 감각에 맞추려고 합니다.

본 총서 발간이 한국불교 중흥에 조금이나마 기여할 수 있기를 바랍니다.

불기 2569년(서기 2025년) 10월
(재)대한불교진흥원

발간사 • 5
들어가며 • 11

서 장. 이 책을 읽기 위한 전제 15
    1. 이 책의 관점과 개요 • 15
    2. 인도불교의 역사와 문헌 • 20

제1장 인도종교에서의 업사상 29
    1. 붓다 이전 • 29
    2. 붓다 당시 • 40

제2장 전통불교의 업사상-총론 55
    1. 업사상의 원칙 • 55
    2. 업사상의 배경 • 76
    3. 업사상의 변천-앙굴리마라 설화의 검토 • 86

제3장 전통불교의 업사상-각론 95
    1. A군群(어떤 업을) • 95
    2. B군群(신체의 어느 부위를 사용해 행동했는가) • 116
    3. C군群(그 결과 어떻게 되는가?) • 128

제4장 붓다와 업 141

1. 부처와 법의 관계 · 141
2. 자타카에 나오는 붓다 · 150
3. 아바다나에 나오는 붓다 · 160

제5장 대승불교의 업사상 169

1. 자업자득을 초월한 공사상 · 169
2. 정토교에서의 업의 문제 · 180
3. 업의 사회성 · 185

제6장 업사상과 현대사회 199

1. 차별하는 사회 · 199
2. 세습화되는 사회 · 208
3. 되돌아보지 않는 사회 · 213
4. 책임지지 않는 사회 · 220
5. 신체성이 결여된 사회 · 227

종 장. 불교의 업사상이란? 235

마치며 · 244
역자 후기 · 248
인용문헌 및 주요 참고문헌 · 252

약호표

AKBh: *Abhidharmakośabhāṣyam of Vasubandhu* (Tibetan Sanskrit Works Series 8), ed. P. Pradhan, Patna, 1975.
AKV: *Abhidharmakośavyākhyā*, ed. U. Wogihara, Tokyo, 1932-1936.
AN: *Aṅguttaranikāya*, 6 vols., PTS.
BhV: *Bhaiṣajyavastu, Gilgit Manuscripts* 3-1, ed. N. Dutt, Srinagar, 1947.
Dhp: *Dhammapada*, PTS.
Dhp-a.: *Dhammapadaṭṭhakathā*, 4 vols., PTS.
Divy.: *Divyāvadāna: A Collection of Early Buddhist Legends*, ed. E. B. Cowell and R. A. Neil. Cambridge, 1886 (Reprint: Amsterdam, 1970.)
DN: *Dīghanikāya*, 3 Vols., PTS.
Jā.: *Jātaka*, 6 vols., PTS.
Jm: *Jātakamālā or Bodhisattvāvadānamālā by Āryaśūra*, ed. H. Kern, Boston, 1891.
Kv: *Kathāvatthu*, PTS.
Mil.: *Milindapañho*, PTS.
MN: *Majjhimanikāya*, 4 vols., PTS.
PTS: Pali Text Society.
Pv.: Petavatthu, PTS.
SBhV: *The Gilgit Manuscript of the Saṅghabhedavastu* (Part2), ed. R. Gnoli, Rome, 1978.
Sn: *Suttanipāta*, PTS.
SN: *Saṃyuttanikāya*, 6 vols., PTS.
Sukh.: *Sukhāvatīvyūha*, ed. A. Ashikaga, Kyoto, 1965.
T.: *Taishō Shinshū Daizōkyō*, ed. J. Takakusu and K. Watanabe et al. 55 vols., Tokyo, 1924~1929.

Th.: *Theragāthā*, PTS.
Ud.: *Udāna*, PTS.
Vin: *Vinayapiṭaka*, 5 vols., PTS.

들어가며

이 책은 불교의 업사상을 다룬다. 중국에서 '업業'이라고 번역되는 원어는 산스크리트어(인도의 고전 표준어)로 '카르만(karman)'이다. √kr(만들다/하다)라는 동사에서 파생한 명사로, 본래는 '행위行爲'를 의미하며 '의식儀式(이 경우는 음사로 '갈마羯磨'라고 한역한다)'의 뜻으로도 사용된다.

일본에서는 한국과 동일한 한자인 '業'을 사용하고, 훈독하면 '와자(わざ)', 음독하면 '교우(ぎょう)' 또는 '고우(ごう)'라고 한다. '업'을 사용한 숙어도 상당히 많지만, '교우'와 '고우'의 음에 따라서 그 의미가 상당히 달라진다.

'교우'라고 읽는 경우 '업계業界/업자業者/업종業種/업무業務/사업事業/기업企業' 등에 사용되어 '일'과 관련된 것이 많다. 그러나 '고우'의 경우 '업인業因/업과業果/업화業火/업고業苦/업구業垢/업장業障/업병業病/업풍業風/업액業厄/업력業力/숙업宿業' 등에 사용되는데, 전부 어둡고 무거운 느낌으로 된 것뿐이다.

'업인業人'을 '와자비토(わざびと)'라고 읽으면 '기술이나 예술에 뛰어난 사람'을 의미하지만, '고우닌(ごうにん)'이라고 읽으면 '전생의 악업의 과보로 고난을 받는 사람/악업을 저지른 사람'이 되는데, 읽는 법에 따라 그 의미가 완전히 다르게 바뀐다.

그리고 업에 관한 관용적 표현을 찾아보면 '업이 두텁다', '업이 무르익다', '업에 떨어진다', '업보가 나타난다', '업의 과보를 받는다' 등의 부정적인 표현이 상당히 많다.

불교의 정토종淨土宗에서 '숙업宿業'은 중요한 의미를 갖는데, 스스로 쌓은 업임에도 불구하고 자신이 어떻게 할 수 없는 숙명론적인 의미를 나타낸다. 숙업은 본래 '과거세에 쌓은 업' 정도의 의미였으나, 점차 '과거세에 쌓은 악업'의 의미를 갖게 되며 그리스도교에서 말하는 '원죄原罪'에 가까운 것이 된다.

그러나 그리스도교의 원죄와 불교의 숙업은 근본적으로 다르다. 그리스도교에서는 신神이 인간을 창조하였으나, 아담과 이브가 금단의 열매를 먹으며 신의 명령을 어긴 죄(원죄)를 모든 인간이 짊어지고 있다고 여긴다. 즉 인간은 우리들의 선조가 범한, 기억조차 없는 죄를 이어받고 있다는 것이다.

반면 불교는 그리스도교와 같은 창조주로서의 신을 인정하지 않기에, 사람을 이루는 것은 그 사람이 지은 과거의 업이며, 업이 사람을 다시금 태어나게 만든다고 한다. 그리고 그 업은 사람에 따라 모두 다르기에 전부 개별적이며, 짊어져야 할 숙업조차도 사람에 따라 모두 다르다. 이것이 그리스도교의 원죄(인류에게 공통되는 죄)와 근본적으로 다른 점이다.

또한 업은 스스로의 의사로 행하기에 자신의 책임이 동반된다. 비록 현세에서는 기억이 없더라도, 그 악업은 자신이 과거세에서 쌓은 것이기에 다른 사람의 탓을 할 수 없다. 이 '자신의 책임'도 불교의 업사상이 지닌 큰 특징이다.

이처럼 우리의 불교에서 매우 중요한 의미를 지닌 업과 숙업이지만,

불교의 발상지인 인도에서는 어떻게 생겨났으며 어떤 발전을 거쳤을까? 후대의 문헌에서 업사상은 상당히 복잡해지고 세밀한 논의가 이루어지지만, 이 책에서는 거기까지 다루지 않고 비교적 초기에 성립되었다고 여겨지는 문헌의 기록을 토대로 인도불교에서의 업사상에 대한 기본적인 윤곽을 그려보려 한다. 이것이 본 책에서 다루려는 주된 내용이다.

 인도불교의 업사상은 불교뿐만 아니라 우리들의 삶을 생각함에 있어 상당히 중요한 것임에도 불구하고 쉽게 접할 수 있는 입문서가 없는 실정을 안타깝게 여기다가, 오랜 시간 인도불교의 업보에 관해 연구해 온 한 명의 학자로서 이 책을 출판하게 되었다.

범례

(1) 역사적인 Buddha, 즉 석가모니(=고타마 싯다르타) 부처는 '붓다'라고 표기하고, 그 외의 Buddha는 '불佛'로 표기한다. 다만, 관용적 표현에 대해서는 '붓다의 멸후'가 아닌 '불멸 후佛滅後'로, '붓다의 제자'가 아닌 '불제자佛弟子'로, '붓다의 전기'가 아닌 '불전佛傳'으로 표기하겠다.
(2) 경전명 등의 표기에 대해, 〈 〉괄호로 표기한 경우는 그 경전의 총칭을 의미한다. 즉 〈무량수경無量壽經〉은 인도원전·티벳역·한역 등을 전부 포함한 총칭이고, 『무량수경』은 강승개康僧鎧가 한역한 경전만을 가리키는 것으로, 두 개의 차이를 구별하겠다. 그리고 '반야경般若經'은 반야에 관한 다양한 경전을 총칭하는 것으로 사용되기에 〈 〉괄호를 사용하지 않고 반야경으로 표기하겠다.
(3) 불교를 연구하는 데 있어 중요한 인도 원어는 고전 표준어인 산스크리트어와 그 방언의 한 종류인 빨리어인데, 본 책에서 인도어를 언급할 필요가 있을 경우는 '산스크리트어/빨리어'의 순서로 하겠다. 산스크리트어와 빨리어가 같은 형태이거나 두 표현을 언급할 필요가 없을 경우는 산스크리트어만을 쓰겠다.
(4) 산문散文과 운문韻文이 있을 경우는 원전의 표현을 다소 바꾸겠다. 산문은 일반적 현대어로, 운문은 약간 고전적 표현을 사용하겠다.
(5) 번역 중에 나오는 「 」은 이야기의 내용을, 〈 〉은 생각한 내용을 나타낸다.
(6) 인용을 제외한 고유명사는 산스크리트어의 표현을 사용하겠다.

서장. 이 책을 읽기 위한 전제

1. 이 책의 관점과 개요

과학과 불교학

연구에는 다양한 방법이 있다. 무언가를 논증하기 위해 통계나 실험 데이터를 사용하는 경우나 설문조사의 결과를 사용하는 경우, 또는 실제 증거를 사용하는 경우 등, 학문 분야에 따라 다양한 차이가 있다. 그렇다면 불교학은 어떤가? 불교학은 기본적으로 역사학으로서 인류사에 등장한 불교라는 문화적 현상의 모든 면을 역사적으로 규명하는 것이다.

이 책에서 다루는 것은 불교의 업業사상과 윤회輪廻사상이다. 이 업과 윤회의 사상을 '불교학'이라는 입장에서 정리하려는 것이다. 다시 말해 업과 윤회가 고대 인도에서 어떻게 탄생되었고, 어떻게 전승되어 어떤 전개를 거쳐왔는가에 관해 '역사적으로' 밝히고자 하는 것이지 '(자연)과학적으로' 확인하려는 것은 아니다.

최근 들어 불교와 자연과학의 접점을 논하는 책을 어렵지 않게 접할 수 있다. 조물주(신)를 인정한다면 "세계는 신에 의해 창조되었다"는 말로 모든 것이 해결되지만, 조물주를 인정하지 않는 불교가 세계를 이해하기 위해서는 지성과 이성을 동원하여 논리적으로 사고해야 하기에, 그 사고법은 자연스럽게 과학적인 것이 된다. 그렇기에 두 분야의 접점을 지적하거나, 또는 불교를 자연과학적으로 연구하는 것도 불교의 특징을 해명하는 하나의 방법이다.

서방극락정토의 존재를 확인하기 위해 우주의 서쪽을 향해 로켓을 보내는 것은 분명히 지나친 행동이지만, 좌선 수행을 하는 승려의 뇌파를 측정하여 뇌과학의 관점에서 깨달음이라는 것을 규명하는 연구는 실제로 존재한다. 또는 트랜스퍼스널 심리학(Transpersonal psychology)의 입장에서 '전생의 기억'을 토대로 전생이라는 세계가 존재하는가를 규명하거나, '임종체험'에 근거하여 사후의 세계를 규명하려는 연구도 존재한다.

그렇지만 여기서 사용하는 학문적 방법은 불교학이지 결코 자연과학이 아니다. 이 책은 예를 들어 "윤회의 주체는 실제로 무엇인가"를 과학적으로 논증하는 것이 아니라, "고대 인도에서는 무엇이 윤회한다고 생각했는가"를 역사적으로 규명하려는 것이다.

따라서 "객관적 사실로서 무엇이 윤회하는가", "윤회의 주체는 과학적으로 규명할 수 있는가", "윤회의 영역인 육도六道는 실제로 존재하는가", 혹은 "업보인과설은 보편적이며 자연과학적인 법칙이라 할 수 있는가" 등에 흥미가 있는 사람의 기대에는 이 책이 전혀 부응하지 못할 것이다.

 확실히 불교의 사고법은 논리적이지만, 과학과는 그 목적이 다르다. 과학은 객관적 사실, 혹은 객관(보편)적 진리의 규명을 목적으로 하지만, 불교는 깨달음(괴로움苦으로부터의 해탈)을 추구하며, 그것을 위한 설명 수단(원리)으로써 다양한 교리를 확립한다. 그 분석이나 결과가 과학과 겹치는 부분도 있으나 객관(보편)적 진리의 규명이 결코 불교의 목적은 아니다.

 불교도는 깨달음으로의 과정을 설명하며, 붓다를 비롯한 조사祖師들이 확립한 교리를 익히고, 거기에 스스로 체험을 통해 얻은 지식을 더하여 업사상을 심화하고 체계화시킨다. 현재의 학문적 성과에 비춰보면 과학적이지 않은 점도 있으나, "정말 이런 내용도 있구나"라며 납득되는 경우도 있다.

 이런 이유에서 이 책은 업사상, 그리고 업보윤회業報輪廻사상을 불교학이라는 관점에서 역사적으로 밝히는 데 중점을 두겠다.

불교와 불교학

본론에 앞서 불교와 불교학의 차이에 관해 설명하겠다. 이 차이를 이해하는 것도 본 책의 내용을 이해하는 데 있어 중요하다. 과연 '학'이라는 한 글자에 의해 어떤 차이가 생기는 걸까?

 그것은 거기에 가치관('선/악'이나 '옳고/그름')이 들어 있는가 아닌가에 따라 정해진다. 불교는 종교이다. 따라서 신앙의 세계이기에 당연히 어떤 가치관을 토대로 그러한 취사선택이 생겨난다. 불교 종파인 진언종·선종·정토종 등의 명칭에 따른 수행도 신앙이라는 점에서 자신들의 가치관을 토대로 어떤 하나를 선택하여(또는 조직하여) 정해진다.

그러나 불교학에 가치관을 부여하는 것은 용납될 수 없다. 불교의 역사 속에서 올바른 불교를 고르거나, 잘못된 교의를 단죄하는 것이 불교학의 목적은 아니다. 불교학은 어디까지나 인류사 속에 등장한 불교라는 문화현상의 모든 모습을 역사적으로 규정하는 것뿐이지, 그것에 '선/악', '옳고/그름'의 판단을 내릴 수 없다.(다만, 학설에 대해서는 '옳고/그름'의 판단을 한다.)

업에 관하여 "불교는 무아無我설을 설하기에 업보윤회설은 불교의 교설로서 맞지 않다", "업보윤회설이야말로 불교의 중심교의이기에 잘못된 것은 무아설이다" 등의 주장은 불교학에 있어 (적어도 본 책에서는) 논외의 내용이다.

이 책에서 다루는 것은 불교의 역사에서 업사상이 어떻게 싹을 틔워 어떤 과정으로 전개되었는가를 확인하려는 것뿐이지, 그 전개과정이 옳았는지 틀렸는지를 판단하려는 것이 아니다.

이 책의 개요

다음으로 이 책의 개요를 소개하겠다. 무엇이든 이 현실세계에서 일어나는 것은 시간과 공간의 제약을 피할 수 없다. 바꿔 말하면 이 현실의 시간과 공간을 무시하고는 무엇도 존재할 수 없다는 것이다. 기원전 5세기경에 탄생한 불교, 그리고 그 가르침인 업사상도 '고대'의 '인도'라는 '시간'과 '공간' 속에서 그 모습을 드러냈다.

그렇기에 우선 불교가 탄생하기 전의 인도에서 업사상이 어떻게 태어나 전개되었는가를 이해할 필요가 있다. 업사상은 불교만의 특별한 사상이 아니기에, 제1장에서는 기원전 12세기경에 아리아인이 인도에 침입하여 바라문교를 토대로 종교를 세운 이후 업사상이 어떻게 생겨나 전개되었는가를 살펴보겠다.

그것을 근거로 제2장 이후로는 이 책의 주제인 불교의 업사상을 다루겠다. 우선 제2장에서는 전통불교의 업사상을 먼저 '총론總論'으로써 설명하고, 이어서 제3장에서는 전통불교의 업사상에 대해 '각론各論'으로 해설하겠다. 업은 다양한 관점에서의 분석이나 분류가 가능하지만, 그중에서 기본적인 형식에만 집중하여 설명하겠다.

제4장에서는 전통불교의 설화가 담긴 문헌에 나타난 붓다와 업의 관계를 고찰하겠다. 교조敎祖인 붓다는 업을 초월한 존재인가, 아니면 붓다조차도 업보의 원리 원칙은 극복할 수 없는 것인가를 문헌에 나타난 용례를 단서로 확인해 보겠다.

제5장은 대승불교의 업사상을 다루겠다. 대승불교에서는 이전까지의 전통불교에 나타난 원리 원칙을 초월한 대승 특유의 업사상이 등장한다. 자업자득을 원칙으로 하는 불교의 업사상이 대승불교 시대로 접어들며 어떻게 변하게 되었는지, 그 배경에는 무엇이 있었는지를 살펴보겠다.

그리고 제6장은 제5장까지와는 다른 입장에서 설명하겠다. 제5장까지는 이전의 불교학이 쌓아온 학문적 지견에 입각하여 주요한 사상을 설명하였으나, 제6장에서는 이전의 불교학의 틀을 다소 벗어나 현대사회의 여러 문제를 업사상의 관점에서 바라보겠다. 바라보는 주체가 필자이기에 그 내용에는 제 자신의 해석(사견)이 들어있으나,

단순히 불교의 업사상만을 객관적으로 설명하면 그다지 재미가 없고 읽는 분들도 지루해질 것이다.

불교는 고뇌하던 사람이 현실의 괴로움으로부터 해탈하는 것을 목표로 하는 종교이기에, 현실적인 삶과 깊은 연관성을 지니고 있다. 특히 대승불교는 사회적 성격이 강해 사회의 여러 문제와도 깊게 관계되어 있다. 그래서 불교학이라는 틀에서 다소 벗어나 사회의 여러 문제와 불교의 업사상이 어떻게 관계되어 있고, 또한 불교의 업사상이 지닌 현대적 의의가 무엇인지에 대해서도 생각해 보겠다.

중간중간 해석을 틀린 경우도 있을 수 있으나, 그에 대해 독자가 판단하여 비평해주면 좋겠다. 그로 인해 불교의 업사상과 현대사회의 문제에 관한 깊은 이해와 새로운 지견이 독자에게 생겨난다면 무엇보다 만족스럽겠다. 그리고 마지막 장에서는 불교의 업사상을 총괄하겠다.

마지막으로 이 책의 특징에 대해 말하자면, 경전의 인용과 더불어 설화의 용례도 상당수 활용한 점이다. 필자는 오랜 시간 인도불교설화(특히 업보설화)의 연구를 해왔으므로 난해한 교리를 설명할 때 그것을 뒷받침할 만한 설화를 다양하게 소개하겠다.

2. 인도불교의 역사와 문헌

인도불교사

본 내용에 들어가기에 앞서 인도불교사와 불교의 문헌에 대해 간단히 살펴보겠다. 이 책은 입문서이기는 하지만, 인도불교에 관한 기본적인 내용에 관해서도 확인해 두겠다. 우선 인도불교사와 그 시대구분부터 살펴보겠다.

지금으로부터 약 2,600년 전 붓다는 35세에 깨달음을 얻고, 그 가르침을 5명의 수행자에 설함으로써 불교라는 종교가 인도에서 탄생하게 된다. 그 후 붓다는 80세의 생애를 마칠 때까지 45년간 인도의 각지를 다니며 포교에 온 힘을 쏟았다.

제자들의 활약과 여러 재가 신자들의 지원에 의해 불멸 후 불교는 인도 전역으로 퍼지게 된다. 특히 인도 전체를 통일한 아쇼카왕이 불교에 귀의한 것이 큰 요인이 되었다고 여겨진다.

불멸 후 이처럼 많은 사람이 출가하며 조직이 확대되고, 그 교단 운용도 복잡화되면서 종교적 가치관이나 수행에 대한 견해도 다양해지게 된다. 붓다라는 절대적인 권위를 지닌 스승이 더 이상 존재하지 않게 되자, 교단의 화합을 어지럽히는 위험 요소들이 시대와 더불어 늘어나게 되었다고 추측된다. 이러한 상황을 배경으로 교단이 분열하는 사태까지 발생하게 된다.

그 요인의 하나로 계율에 관한 해석의 차이를 들 수 있다. 붓다가 제정한 계율에 따르면, 비구(출가자)는 금전(돈)을 가져서는 안 되지만, 화폐경제의 발달과 함께 음식이나 의복 이외에 금전이 보시로 비구들에게 들어오게 된 것이다. 이처럼 금전의 보시를 둘러싸고 비구들 사이에서 의견이 대립하게 된다.

시기적으로 붓다에 가까운 장로들은 붓다의 가르침을 충실히 지키기 위해 금전의 보시를 받는 것을 거부했으나, 젊은 세대의 비구들은 계율을 유연하게 해석하여 금전의 보시를 받는 것을 허용하려 했다.

금전의 수용뿐만이 아니라, 다양한 계율의 견해에 서로의 차이가 있었고, 결국 교단을 두 개로 나누는 것에까지 대립이 격화되어, 계율을 엄밀히 지키자는 상좌부上座部와, 계율 해석에 유연한 대중부大衆部로 교단이 분열된다. 이를 근본분열根本分裂이라 부른다.

이리하여 두 개로 분열된 교단은 그 후 분열에 분열을 거듭하며 최종적으로 18개 내지 20개의 그룹(부파)이 생겨난다. 상좌부 계통에서는 남방南方상좌부, 설일체유부說一切有部, 법장부法藏部, 화지부化地部, 독자부犢子部, 정량부正量部가, 그리고 대중부 계통에서는 설출세부說出世部라는 부파가 존재하였다.

이 책을 읽어가는 데 있어 상좌부 계통의 남방상좌부와 설일체유부가 중요하게 등장한다. 두 부파 모두 많은 양의 자료가 현존하고 있어, 이 책에서도 이 두 부파(특히 초기경전에 대해서는 남방상좌부)의 자료를 상당히 많이 활용하였다.

이처럼 여러 부파들이 성립하던 기원 전후로 인도불교에 새로운 움직임이 생겨나고 있었다. 바로 대승불교의 등장이다. 대승불교가 어떻게 탄생하였는가는 지금까지도 불분명한 점이 많다. 예전에는 불탑을 중심으로 하는 재가신자들이 대승불교의 탄생에 중요한 역할을 했다고 생각한 시기도 있었다.

그러나 최근에는 부파의 비구들 중 출가와 재가를 포함해 누구라도 부처가 될 수 있다는 이상을 지닌 사람들에 의해, 우선 대승 경전이 만들어지고, 4세기 이후로는 교단도 기존의 부파와 분리되어 독자의 교단을 조직하게 되었다고 여겨진다.

기원 전후로 대승불교는 천 년 이상의 역사를 갖게 되지만, 그 후기에는 힌두교의 영향을 받아 밀교화되고, 1203년 비크라마쉴라(Vikramashila) 사원이 이슬람군의 공격을 받아 파괴되며, 이후 인도에서 불교가 소멸하게 된다.

시대구분의 문제

이상의 내용이 인도에서의 불교사에 관한 개요이지만, 이 역사를 학문적인 대상으로 할 경우 시대구분이 문제가 된다. 구분 방법에 따라 과거의 역사 그 자체가 변하는 것은 아니지만 평가나 해석은 바뀔 수 있게 된다.

기존에는 붓다 시대로부터 교단분열까지의 불교를 초기불교(원시불교), 부파가 분열한 이후의 불교를 부파불교(아비달마불교·소승불교), 그리고 기원 전후에 등장한 새로운 불교를 대승불교라고 하여, 세 가지로 구분하는 것이 일반적이었다.

그러나 이 시대구분에 사용되는 호칭에는 일관성이 없다. 초기불교는 시간을 의식한 호칭이고, 부파불교는 교단의 존재 형태에서 본 호칭이며, 대승불교는 기존의 불교를 소승불교라 폄칭하며 자신들의 불교를 찬양하는 가치관을 담아 부른 호칭이기 때문이다.

이러한 시대구분을 비판한 것은 사에구사[三枝 1990]이다. 불교를 서양철학·그리스도교·이슬람교·중국사상과 더불어 하나의 보편적 사상으로 파악하려 한 사에구사는 불교에도 개괄적인 시대구분이 필요하다고 생각하여, 서양철학사의 고대·중세·근세에 부합되도록 인도불교사를 초기·중기·후기의 세 개로 나누는 것을 다음과 같이 제안한다.

(1) 초기: 붓다의 시대부터 교단이 분열되기까지의 시기
(2) 중기: 교단이 분열(대략 아쇼카왕의 즉위)된 뒤 초기 대승 경전 등이 만들어진 4세기 초입까지의 시기
(3) 후기: 굽타왕조가 성립된 기원 320년부터 1203년 비크라마쉴라 사원 파괴까지의 시기

뒤에서 다시 지적하겠지만, 초기불교와 부파불교의 경계가 애매하기에, 기존의 '초기불교·부파불교·대승불교'라는 구분법은 사용하지 않겠다. 그러나 대승불교 이전과 이후로는 이 책에서 다루는 업사상에도 큰 차이가 생겨나기에, 사에구사가 제안한 '초기·중기·후기'의 구분에서는 그 경계가 명확하지 않게 된다.

그래서 이 책에서는 초기불교와 부파불교의 두 개를 합쳐서 '전통불교'라고 부르고, 초기불교에 해당하는 시기는 전통불교초기, 부파불교에 해당하는 시기는 전통불교후기라고 하겠다. 그리고 전통불교에 대립하는 것으로서 대승불교라는 호칭을 사용하겠다.

불교의 문헌

다음으로 불교의 문헌에 관해 정리하겠다. 일반적으로 '초기경전'이라는 표현을 사용하지만, 이것에는 주의가 필요하다. 초기경전이라 하면 '초기불교의 경전'이라는 인상을 주지만, 초기불교라는 시대구분이 가능하더라도, 그 시대에 만들어진 것이 직접적으로 밝혀진 경전은 존재하지 않기 때문이다. 이후로는 그 이유를 다루며 불교의 문헌에 대해서 정리하겠다.

붓다가 열반에 든 후, 붓다의 가르침이 흐트러지는 것을 막기 위해 불제자 마하가섭이 오백 명의 아라한을 모으고 자신이 좌장을 맡아 붓다의 가르침을 정리하였다. 이때 붓다가 제정한 규칙(율)은 우파리가, 가르침(법)은 아난다가 송출誦出하였고, 함께 자리한 아라한들에 의해 그 내용이 '법과 율'로 인정되었다. 아난다가 송출한 법은 경장經藏으로, 우파리가 송출한 율은 율장律藏으로 정리되었다.

점차 시대가 지나며, 이 경과 율에 대해 불제자들이 주석을 더한 문헌이 만들어지게 되는데, 이를 논장論藏이라 한다. 논장은 경장이나 율장과 달리 불설佛說이 아니지만, 붓다의 가르침을 이해하는 데 귀중한 정보를 제공하는 것이다.

예를 들어, 설일체유부의 사상을 전하는 논서인 〈구사론俱舍論〉은 개념정의를 명확하게 하고 있어 매우 유익한 자료로서 이 책에서도 상당히 많은 활용을 하였다. 이처럼 불설의 경장과 율장에 논장을 더해 삼장三藏이라 부르며, 이 삼장이 불교 문헌의 총칭이 되는 것이다.

이 삼장은 교단분열 후 각 부파에 의해 전승되었다. 마지막으로 제작된 논장은 부파분열 후에 만들어졌기에 당연히 부파의 특수성과 색채가 진하게 반영되어 있으나, 경장과 율장은 본래 하나였기에 부파마다 가지고 있다고 하더라도 각 부파가 전혀 다른 경장과 율장을 지녔던 것은 아니다.

그러나 전승 과정에서 그 부파 특유의 사상이나 문화에 영향을 받았을 가능성을 부정할 수 없기에, 각 부파의 경장이나 율장의 내용이 완전히 동일한 것도 아니다. 경장이나 율장에도 부파의 '색'이 드러나 있다.

교단분열에 의해 생겨난 20개의 부파는 각각 독자의 삼장을 가지고 있었으나, 아쉽게도 그 각 부파의 삼장이 전부 현존하고 있지 않다. 현존자료라는 관점에서 모든 부파 중 특히 중요한 것이 앞서 말한 남방상좌부와 설일체유부이다.

여기서 중요한 점을 확인해 두겠다. 그건 부파라는 필터를 거치지 않은 경장과 율장이 존재하지 않는데, 따라서 부파분열 전에 성립된 경이나 율을 직접 확인할 수 없다는 것이다. 이것이 앞서 말한 '초기불교와 부파불교의 경계가 애매'하다는 의미이다. 그럼 현존하는 남방상좌부의 경장을 정리해 두겠다.

(1) 『장부長部(Dīghanikāya)』: 비교적 긴 내용의 경전의 집성集成
(2) 『중부中部(Majjhimanikāya)』: 중간 정도의 길이로 된 경전의 집성
(3) 『상응부相應部(Saṃyuttanikāya)』: 테마 별로 정리한 경전의 집성
(4) 『증지부增支部(Aṅguttaranikāya)』: 숫자에 관한 교설을 모은 경전의 집성
(5) 『소부小部(KN: Kuddhakanikāya)』: 그 외의 경전의 집성(15개의 독립된 경전이 포함되어 있다. 이하 이 책에서 인용한 문헌만을 적겠다.)

· 『경집經集(Suttanipatā)』
· 『법구경法句經(Dhammapada)』
· 『장로게長老偈(Theragāthā)』
· 『장로니게長老尼偈(Therīgāthā)』
· 『자설경自說經(Udāna)』

- 『생경生經(Jātaka)』
- 『밀린다왕문경彌蘭陀王問經(Milindapañha)』
- 『논사論事(Kathāvatthu)』

다음은 율장으로, 이 책을 읽는 데 필요한 남방상좌부의 율장과 (근본)설일체유부의 율장만을 언급해 두는 것으로 충분하겠다.

(1) 『빨리율장』: 남방상좌부
(2) 근본유부율根本有部律: (근본)설일체유부
     인도원전: Mūlasarvāstivāda-vinaya
     한역: 『근본설일체유부비나야根本說一切有部毘奈耶』
     티벳역: Dul ba gzhi

제1장 인도종교에서의 업사상

1. 붓다 이전

고대 인도의 시대구분

먼저, 인도종교에서의 업사상에 대해 살펴보겠다. 그 이유는, 업사상이 불교만의 특별한 것은 아니기 때문이다. 모든 종교가 그렇겠지만, 어떤 맥락도 없이 또는 다른 무언가로부터 어떤 영향도 받지 않은 채 만들어지는 사상은 존재하지 않는다.

어떠한 사상이든 시대와 지역이라는 제약을 받으며 탄생하게 된다. 그중 우선 '지地'로서의 인도사상과 종교의 업사상을 살펴본 뒤, 다시 '역域'으로서의 불교의 업사상에 대해 설명하겠다.

앞선 연구들에 의하면, 인도에는 문다(Munda)인이나 드라비다(Dravida)인이라는 토착민들이 살고 있었는데, 기원전 12세기경 코카서스 지방에 살고 있던 유목민인 아리아(Aryan)인이 민족이동을 하며 인도에 침입하여 원주민들을 제압하였고, 성전『리그베다(Rigveda)』에 기초하여 바라문교라는 종교를 확립한다. 이후 바라문교는 인도의 전통종교가 되었고, 이것이 토착종교와 합쳐지며 힌두교가 탄생하게 된다.

이처럼 바라문교는 인도문화의 기초가 되는 종교이며, 그 성전인 『리그베다』를 중심으로 4개의 베다성전과 그것에 부수되는 브라흐마나 문헌군(베다의 주석서), 우파니샤드 문헌군(바라문교에 관련된 철학서)이 존재한다. 이러한 붓다 이전의 각 문헌의 성립에 관한 대략적 시대구분과 그 시대의 특징을 정리하면 다음과 같다.(나카무라[中村 1968: 16-26])

베다 시대(기원전 1200~1000)

『리그베다』(신들에 대한 찬가讚歌의 집성)에 이어, 『사마베다(Sāmaveda)』(노래와 시歌詠의 집성), 『야주르베다(Yajurveda)』(제사의 내용祭詞에 관한 집성), 그리고『아타르바베다(Atharvaveda)』(주법呪法에 관한 구절의 집성)가 편찬되며 제사가 중요시된다. 그 이유는 제사 중에 신들(다신교)에게 찬가를 보내 그들을 기쁘게 하면, 그로 인해 현실적인 생활에서 행복을 얻을 수 있다고 생각했기 때문이다.

브라흐마나 시대(기원전 1000~800)

이 시대가 되면 사제司祭(바라문)들은 이미 신들에게 봉사하던 경건한 사제가 아니라, 그 주문의 힘으로 신들을 구사할 수 있는 주술가가 된다. 또한 이 시대에는 세계의 창조신으로 조물주(Prajāpati)라는 근본신이 등장한다.

초기 우파니샤드 시대(기원전 800~500)

우파니샤드(Upaniṣad)란, '가까이 앉다'라는 본래 의미에서 '비밀의 가르침'이라는 의미로 바뀐다. 이 시대에는 사제(바라문) 계급에도 혼혈이 생겨나고, 원주민의 종교관념도 섞이게 되어 전통적 사상이 변용된다. 그리고 당시 세력을 확장 중이던 왕족(크샤트리아)이 사제에게 영향을 주는 역전현상도 일어난다. 야마시타[山下 2014: 181]는 우파니샤드를 "바라문교의 제사지상주의에 대한 안티테제(Antithesis)로서의 측면도 가지고 있다"고 지적한다. 그리고 이 시대에 '범아일여梵我一如'의 사상이 등장한다. 이것은 브라흐만(근본원리)과 아트만(개아)이 궁극적으로 일여(동일)하다는 것으로, 윤회의 주체를 생각함에 있어 중요한 아트만(Atman)이 모습을 드러낸다. 이것은 그때까지의 사고의 중심이 신(외부)이었던 것에서 인간 개인(내부)으로 바뀌게 된 것을 의미한다. '자아의 발견'이라 해야 할 것이다.

각 시대의 업사상

이러한 내용을 토대로, 우선 이 문헌들에서 업사상이 어떻게 설명되고 있는지를 살펴보겠다. 결론부터 말하면, 최초기의 문헌인 베다에는 윤회에 기초한 업사상이나 업보사상은 보이지 않는다. 윤회와 관련한 내세관에 대해서는 츠지[辻 1970: 229]의 설명을 통해 확인해 보겠다.

그는 『리그베다』의 내용 중 야마(죽은 자의 왕)의 찬가를 번역하며 다음과 같은 해설을 덧붙이고 있다.

당시의 내세관에 따르면, 지상에서 장수를 누린 후 야마의 세계에 도달하여 조상의 영혼(pitr, 先祖)과 함께 안락을 누리는 것을 이상으로 여겼다. 후세의 내세관의 변화에 따라 그 영토도 지상으로 옮겨지고, 야마는 그저 죽음의 신, 악업의 징벌자가 되었고, 불교에서는 염마천閻魔天으로 불리게 된다.

그리고 카지야마〔梶山 1989: 20〕는 다음과 같이 설명한다.

인도로 들어온 아리아인은 윤회설이라는 것을 가지고 있지 않았고 매우 낙천적인 생각을 지니고 있었다. 사람이 죽으면 '야마'의 나라로 간다. '야마'의 나라는 광명이 넘치고 아름다운 나무와 숲으로 둘러싸여 술과 음식, 춤과 노래가 가득한 낙원이다. 그러한 낙원에 가서 영원히 즐겁게 산다는 소박한 생사관과 다른 세계他界의 관념을 가지고 있었다.

이처럼 베다 성전의 성립 시점에는, 윤회를 전제로 한 윤리적인 의미에서의 업사상은 아직 정착되어 있지 않았다. 야마의 세계로 가기 위해서는 선행(공덕)을 쌓을 필요가 있는데, 그 구체적인 내용은 '제사의 실행'이고, 우리가 여기서 문제시하고 있는 윤리적 의미에서의 선행은 없었다. 또한 야마의 나라에서 다시 죽는다는 관념도 없었기에, 윤회라는 관념도 찾아볼 수 없다.

그러나 시대가 흘러 브라흐마나 문헌이 성립된 시기부터 이러한 내세관에 변화가 생겨난다. 나카무라[中村 1968: 22]는 이에 대해 다음과 같이 설명한다.

> (브라흐마나 시대의) 내세의 관념을 살펴보면, 이 세계에서 공덕을 쌓은 사람은 내세에 복락을 누리게 된다. 그렇기에 제사를 지내지 않으면 안 된다고 생각했다. 선업을 쌓고 죽은 자는 야마의 왕국에 가게 된다고 생각한 것은 리그베다에서와 같지만, 천계에서의 복락은 영원히 이어지는 것이 아니라, 어떤 경우에는 천계에서 다시 죽기도 한다고 생각해 다시 죽는 것(再死 Punarmṛtyu)을 극도로 두려워했으며, 그것을 피하기 위해 특별한 제사를 실행해 다양한 선업을 쌓았다. 죽은 뒤의 응보에 대한 관념이 드디어 나타나기 시작한 것이다.

브라흐마나 시대가 되며 다시 죽는 것, 즉 윤회의 관념이 싹트기 시작했으나, 그것을 피하기 위한 선업은 여전히 제사였으며, 인간에 대한 윤리관은 아직 신이 중심으로 되어 있었기에, 주체적인 의미에서의 업사상은 아직 미성숙한 상태였다고 할 수 있다.

야즈나발키아(Yājñavalkya)의 설

우파니샤드의 시대에 들어서며, 범아일여의 사상이 등장하고 윤회의 주체가 되는 아트만(我)이 생겨나며, 그것과 궤를 같이하는 업보와 윤회사상도 본격적으로 정비되게 된다.

여기서는 우파니샤드 시대의 철학자 야즈냐발키아의 설을 소개하겠다. 우파니샤드 문헌도 여러 가지가 존재하는데, 그중에서 비교적 초기에 편찬되었다고 여겨지는 『브리하다란야카 우파니샤드(Bṛhadāraṇyaka-upaniṣad)』(4.4.5)에 그의 설이 들어 있다.

우선 업의 사상에 대해서 살펴보겠다.

> 사람은 하는 대로 된다. 사람은 행하는 대로 된다. 선을 행하는 사람은 선인이 된다. 악을 행하는 사람은 악인이 된다. 선업에 의해 사람은 선하게 되고, 악(업)에 의해 사람은 악하게 된다. 참으로 사람들은 "인간은 욕심으로만 이루어져 있다"고 말한다. 사람은 바라는 대로 그러한 의도를 가진 존재가 된다. 사람은 의도하는 대로 그 업을 행한다. 사람은 자기가 하는 업에 따라 그렇게 된다.(Olivelle〔1998: 120.9-12〕)

드디어 여기에 이르러 윤리적 의미에서의 업사상이 설해진다. 그럼 다음으로 윤회의 사상이 어떻게 설해지는가를 확인하겠다. 마찬가지로 『브리하다란야카 우파니샤드』(4.4.3)에서의 인용이다.

> 예를 들어, 벌레가 나뭇잎의 끝에 이르면, 다른 장소(다른 나뭇잎)로 옮겨가기 위해 자신(의 뒤쪽 몸)을 끌어당기는 것처럼, 바로 이와 같이 이 자신은 이 신체를 부수고, 그것을 알 수 없는 곳으로 들어가게 하여, 다른 장소(생존)로 (이전의 몸을) 옮겨가

기 위해 자신(의 뒤의 몸)을 끌어당긴다.(Olivelle〔1998: 120.1-2〕)

원문의 직역이기에 다소 이해하기 어렵지만, 중요한 점은 벌레가 나뭇잎의 끝부분까지 가서 그 이상 나아갈 수 없게 되면 다른 나뭇잎으로 옮겨가는 것을 의미한다. 즉 벌레 자신이 윤회의 주체인 아트만이고, 나뭇잎은 그 아트만이 머무는 육체인 것이다.

그래서 나뭇잎(육체)을 바꿔 옮겨가며 벌레는 생존을 반복해 이어가는 것이다. 이 내용은 윤회를 개론적으로만 나타내고 있는데, 그 과정을 상세하게 설명한 것이 다음에 소개할 '오화이도설五火二道說'이다.

오화이도설五火二道說

우파니샤드 문헌 중에는 왕족(크샤트리아)이 사제(바라문)에게 가르침을 설하는 이야기가 곳곳에 보이는데, 이것도 그러한 전형적인 예이다. 여기서는 프라와하나(Pravāhaṇa) 국왕이 바라문인 웃다라카 아루니(Uddālaka Āruṇi)에게 오화이도설을 통해 인간의 사후 존재방식에 대해 설명해준다는 줄거리로 되어 있다. 그럼『브리하다란야카 우파니샤드』(6.2.16)의 내용을 소개하겠다.

이처럼 제사와 (제관에의) 보시와 금욕에 의해 (하늘의) 세계를 쟁취한 사람들은 연기 속에 들어가, 연기 속에서 밤으로, 밤 속에서 사라지고 있는 보름달로, 사라지고 있는 보름달 속에서 태양이 남쪽으로 가는 6개의 달로, 그러한 달들 속에서 선조의 세계로, 선조의 세계 속에서 달로 (들어간다). 그들은 달에 이르러 식물이 된다.

신들은 소마(Soma) 왕(달)에게 "가득 차라! 사라져라!"라고 말하듯이, (신들)은 거기서 그들을 먹는다. 그들에게 있어 그것이 지나가면, 그들은 마침내 이 허공에 들어가, 허공 속에서 바람으로, 바람 속에서 비로, 빗속에서 대지로 (들어간다). 그들은 태양에 이르러 식물이 된다.

그들은 다시 남성의 불(정액) 속에 공양물로 바쳐지고, 그리고 여성의 불(모태)에서 태어난다. (하늘의) 세계에 다시 태어나 그들은 완전히 똑같이 되돌아온다. 그러나 이러한 두 개의 길을 알지 못하는 사람은 풀벌레나 날개 달린 벌레, 혹은 무는 벌레가 된다.(Olivelle〔1998: 148.19-25〕)

같은 내용이 『찬도갸 우파니샤드(Chāndogya-upaniṣad)』(5.10.3-7)에도 나온다.

"경건한 행동이란 (제관에의) 보시"라며 (제관을) 마을에서 존경하는 사람들은 연기로 들어간다. 연기 속에서 밤으로, 밤 속에서 다른 (사라져가는) 보름달로, 다른 보름달 속에서 태양이 남쪽으로 가는 6개의 달로 (들어간다). 이들은 나이를 먹지 않는다. (중략) 연기가 된 후, 그것은 번개구름이 된다. 번개구름이 된 후, 그것은 비구름이 된다. 비구름이 된 후, 그것은 내리기 시작한다. 그것들은 이때 쌀이나 보리, 식물이나 나무, 깨나 콩으로 태어난다. 여기서 빠져나오는 것은 매우 어렵다. 식물을 먹는 사람, 정액을 빼는 사람은, 다시 그것과 같은 존재가 되기 때문이다.

이 세상에서의 행동이 좋은 사람들은 (앞으로) 좋은 자궁, 즉 바라문의 자궁, 크샤트리아의 자궁, 또는 바이샤의 자궁에 들어가게 되는 것이 예상된다. 한편, 이 세상에서 행동이 좋지 못한 사람들은 (앞으로) 좋지 않은 자궁, 즉 돼지의 자궁이나 찬달라(caṇḍāla 불가촉민)의 자궁에 들어가는 것이 예상된다.(Olivelle〔1998: 236.12-22〕)

사람이 죽은 뒤 다비(茶毘, 화장火葬)를 하면, 연기가 되어 우선 달로 들어가고, 이어서 비가 되어 지상에 떨어져 식물이 되며, 그것이 먹여져 정자로 변화하고, 그것이 모태에 들어가 재생된다고 한다. 즉 (1)달 → (2)비 → (3)식물 → (4)정액 → (5)모태라는 다섯 단계를 거쳐 생사를 반복하게 된다. 이것이 오화설五火說이다.

그리고 마지막의 내용과 같이, 행동의 선악에 의해 다음 생이 바라문·크샤트리아·바이샤라는 좋은 태어남(生)이거나, 혹은 돼지(축생)나 찬달라(불가촉민)가 된다고 설해진다. 이 시기에 이르러 드디어 업보와 윤회가 결합되어 업보윤회설이 된다.

다음으로 이도설二道說에 대해 살펴보겠다. 불교는 해탈을 설하지만, 해탈도 불교만의 것이 아니다. 고대부터 인도에서는 인생에 다음의 4가지 목적이 있다고 보았다.

(1) 다르마(dharma): 종교적인 가르침의 실천
(2) 아르타(artha): 세속적인 부의 추구
(3) 카마(kāma): 육체적인 욕망의 만족
(4) 목샤(mokṣa): 궁극적 목표인 속박으로부터의 해탈

불교뿐만이 아닌 인도의 사상 전반에 걸쳐 속박으로부터의 해탈은, 특히 종교가에게는 인생의 목적으로 여겨졌다. 따라서 우파니샤드에서도 해탈은 궁극의 목표가 되었다.

오화설은 윤회의 길을 설명한 것으로, 이것을 조도(祖道 pitṛyāna)라고 한다. 이에 반해 해탈의 길은 신도(神道 devayāna)라고 한다. 오화설을 배우고 숲속에서 신앙을 진실되게 닦는 사람은 죽고 나면 화장의 불길, 태양, 달이 가득한 6개의 달, 태양이 북행하는 6개의 달, 나이(신계)·태양·달·번개의 빛에 들어가고, 거기에서 브라흐만에 이끌려, 다시는 지상으로 내려오지 않게 되는데, 이를 신도라고 한다.

이를 정리하면 다음과 같다.

- 이도二道 ┬ 해탈의 길 …… 신도
           └ 윤회의 길 …… 조도 ┬ 선업 …… 바라문·크샤트리아
                                └ 악업 …… 불가촉민·축생(돼지)

- 제3도第三道(이도를 모르는 사람(=극악인?)) …… 풀벌레·날개 달린 벌레·무는 벌레

사막적 사고와 삼림적 사고

고대 인도의 문화는 정복자인 아리아인과 피정복자인 토착민(드라비다인·문다인)과의 혼합 속에서 형성된다. 업이나 윤회의 사상에 관해 아리아인의 침입 초기인 베다 시대에는 그 모습조차 찾아볼 수 없었으나, 토착민과의 관계가 깊어짐에 따라 업과 윤회도 점차 형성되게 된 것을 확인했다.

이 변화에 관해 풍토와 그 풍토가 사고에 끼친 영향도 시야에 담을 필요가 있다. 기상학적인 관점에서 보면(야마시타[山下 2014: 163-165]), 당시 아리아인이 동쪽을 향해 이동한 것은 그들이 살고 있던 지역의 건조화가 원인이었으며, 그 건조화의 진행 속도보다 앞서 아리아인은 윤택한 땅을 찾아 동쪽으로 이동했고, 그 결과 삼림 지역인 인도의 갠지스강 중류 지역으로 들어오게 된다. 그리하여 갠지스강 유역에서 살아가고 있던 원주민(숲의 사람)과 서쪽에서 온 아리아인이 조우하게 된다.

여담이지만, 인도학자나 불교학자가 아리아인의 동쪽으로의 민족 이동을 말할 때 그 이유라고 설명하는 내용을 저는 학식이 부족하여 잘 이해하지 못하겠다. 그저 "이동했다"라고만 말할 뿐, 왜 이동했는가에 대해서는 설명하지 않는다.

아무 이유 없이 사람들이 이동하지는 않기에, 기상학이라는 관점을 대입해 보면 그 이유에 설득력이 생긴다. '지역의 사막화'가 원인이라면, 그것은 사활이 걸린 문제이기에 윤택한 토지를 찾아 아리아인이 이동했다는 것도 당연하게 여겨질 것이다.

그런데 유대교와 그리스도교로 대표되는 셈족(Semites)의 종교에서는, 세계의 '시작(천지창조)'과 '끝(최후의 심판)'이 설정되어 있어 시간이 한 방향을 향해 직선적으로 흘러가는 역사관을 가지고 있다. 살아가는 데 가혹한 사막의 환경에 비해 고온다습한 숲의 환경은 생물의 성장이나 생멸의 순환도 빨라서, 태어나면 죽고 죽으면 태어난다는 순환적으로 이어진 생명관이 자연스럽게 생겨나게 된다.

그래서 최초기에는 정복자인 아리아인의 종교에 윤회와 업의 사상이 존재하지 않았으나, 피정복자와의 교류를 비롯해 새로운 기후 풍토의 영향을 받아 아리아인의 직선적이고 한 방향적인 시간의 사유에 순환적으로 이어진 생명관이 점차 스며들며, 시간이 지남에 따라 아리아인의 사고가 윤회와 업보적 색채를 띠게 되었다고 여겨진다.

2. 붓다 당시

사문의 등장

기원전 5-6세기가 되며 정복자와 피정복자의 혼혈이 생겨나고, 그렇게 탄생한 새로운 세대는 아리아인의 전통을 따르지 않고 자유로운 발상을 하게 된다. 또한 비옥한 토지에서 다양한 농산물을 얻으며 풍요로운 생활을 누리게 되고, 그에 따라 상공업도 발달하여 도시가 생겨나게 된다. 바야흐로 새로운 시대가 열리게 된 것이다.

그리고 이에 부응하듯 자유로운 발상을 하는 종교가들도 활약하기 시작한다. 그들을 '사문(沙門, śramaṇa/samaṇa)'이라고 부른다. 본래는 '힘써 일하는 사람'이라는 의미이지만, 여기서는 '출가수행자'를 부르는 표현으로 사용된다. 불교의 개조인 붓다도 사문의 한 사람으로,

붓다 당시에 6명의 자유사상가가 있었다고 하여 불전佛典에서는 그들을 '육사외도六師外道'라고 부른다.

당연히 불전은 자신들의 개조인 붓다를 선양하기 위해 그들을 이용하였기에 '육사외도'라는 호칭은 불교 측에서 만든 표현이며, 그러한 불전이 그들의 학설을 객관적이고 중립적인 입장에서 다루었다고 보기는 어렵다. 그러나 불전 이외에 그들의 학설을 알 수 있는 방법이 없기에 여기서는 초기경전인 『장부』 「사문과경沙門果經」(DN i 52.2 ff.)의 내용을 참고하여 그들의 사상을 소개하겠다.

육사외도의 설

푸라나 캇사파(Pūrana Kāshyapa/Pūraṇa Kassapa): **도덕부정론道德不定論**
그는 도덕을 부정하고 파괴하는 입장을 지녔다. 즉 "살생殺生·투도偸盜·간통姦通·망어妄語 등의 악업을 저질렀어도 행위자에게 죄악이 생기지 않고 죄악의 과보도 일어나지 않는다. 반대로 보시 등의 선업을 행해도 그로 인해 공덕이 생기지 않고 공덕의 과보도 일어나지 않는다"라는 것이 그의 설이다.

막칼리 고살라(Maskarin Goshālīputra/Makkhali Gosāla): **무인무연론無因無緣論**
그의 설은 다음과 같다. "살아 있는 것은 인因도 연緣도 없이 더럽혀지거나 깨끗해지기도 한다. 모든 생명 있는 것은 오직 운명에 의해 괴로움과 즐거움을 경험할 뿐이다. 현명한 자도 어리석은 자도 똑같이 팔백사십만 겁이라는 긴 시간 동안 유전하고 윤회하여 괴로움의 끝(해탈)에 이르게 되기에, 그동안 수행을 하더라도 전혀 무의미하다.

마치 털 뭉치가 날아다니며 조금씩 풀어져 작아지고 결국 털끝이 다 풀리게 되는 것과 같이, 현명한 자도 어리석은 자도 정해진 기간은 윤회를 거듭하게 된다"라고 한다.

그리고 그가 속해 있던 종교는 아지비카(Ajivika)라고 불린다. 본래는 '생활법에 관한 규정을 엄밀히 따르는 자'의 의미였으나, 다른 종교로부터 폄하되어 '생활을 이어가기 위한 수단을 수행으로 삼는 자'의 의미로 불리고, 한역불전에서는 '사명외도邪命外道'라고 부른다.(나카무라〔中村 1968: 43〕)

아지타 케샤캄바린(Ajita Keshakambalin/Ajita Kesakambalin): 윤회부정론輪廻不定論

그의 설은 단멸론이나 유물론이라고도 불린다. 선업과 악업의 과보도 없고, 이 세상도 저 세상도 없으며, 부모도 없다. 4원소(지地·수水·화火·풍風)만이 실제로 존재하는 것이며, 사람을 구성하는 요소도 이 4원소이다. 따라서 사람이 죽으면, 이 4원소가 각각의 집합체(지계界·수계·화계·풍계)로 되돌아가는 것일 뿐이기에 윤회가 없으며 영혼도 존재하지 않는다. 이것이 그의 사상이다.

이러한 유물론의 사상을 인도에서는 일반적으로 '로카야타(Lokāyata, 順世派)' 혹은 '차르바카(Cārvāka)'라고 부른다. 유물론자들은 근세에 이르기까지 존재한 듯하다.(나카무라〔中村 1968: 45〕)

파쿠타 캇차야나(Kakuda Kātyāyana/Pakudha Kaccayāna): 칠요소론七要素論

그는 앞의 아지타 케샤캄바린의 4원소설에 괴로움(苦)·즐거움(樂)·

생명(영혼)의 3가지를 더해 '7요소'설을 주장했다. 이 요소들은 만들어진 것도 창조된 것도 아니며, 다른 무언가를 만들어 내는 것도 아니다. 산 정상과 같이 움직이지 않고, 돌기둥과 같이 바로 서 있는 것이다. 이 설에는 살해하는 자도 살해당하는 자도 없다. 예를 들어 날카로운 칼로 사람의 머리를 자른다고 해도, 그 날카로운 칼이 7개 요소의 사이를 통과하는 것에 불과하기에 누군가가 다른 누군가의 생명을 빼앗는다는 것도 없다고 한다.

니간타 나타풋타(Nirgrantha Jnātiputra/Nigaṇtha-Nātaputta): **사종방호론**四種防護論
그는 자이나교의 개조이며, 불교의 사상과도 깊은 연관성을 지니고 있는데, 뒤에서 다시 논하겠지만 여기서는 『사문과경』에서 설해진 내용에 한하여 그의 사상을 소개하겠다.

> 나는 4종류의 부분으로 이루어진 방호防護에 의해 지켜지고 있다. 어떤 4종류의 부분으로 이루어진 방호에 의해 지켜지는가 하면, (1) 일체의 물을 방지防止하고 있다. (2) 일체의 물에 의해 묶여 있다. (3) 일체의 물에 의해 없어지고 있다. (4) 일체의 물에 의해 닿아지고 있다. 그렇기에 나는 자신의 완성자, 자신의 제어자, 자신의 확립자라고 불린다.

다소 이해하기 어렵지만, 이 '물(水 vāri)'은 '방지(vārita)'로 해석되기에 요약하면, 그는 모든 악으로부터 몸을 완전히 지키고 있다는 의미이다.

산자야 벨랏티풋타(Samjayin Vairatīputra/Sañjaya Belaṭṭhiputta): 회의론懷疑論

그는 명확한 입장을 취하지 않는 특징을 가지고 있다. 예를 들어 "저 세상은 존재하는가"라고 질문받는다면 "만약 내가 저 세상이 존재한다고 생각한다면, 저 세상은 존재한다고 그대에게 대답할 것이다. 그러나 이렇게도 생각하지 않고, 저렇게도 생각하지 않으며, 다르다고도 생각하지 않고, 그렇지 않다고도 생각하지 않으며, 그렇지 않을지도 모른다고도 생각하지 않는다"라고 그는 대답한다.

이 책에서 문제시하는 선업악업을 비롯한 그 과보나, 또는 형이상학적 문제에 대해서도 동일한 답변을 보이기에 '미꾸라지와 같이 잡을 수 없는 의론議論' 또는 '불가지론不可知論'이라고도 불린다.

붓다의 두 대제자大弟子인 사리불(Śāriputra)과 목건련(Maudgalyāyana)이 불교에 귀의하기 전에 둘 다 이 산자야의 제자였다.

외도의 3가지 의지처

이상으로 육사외도의 각 학설을 간단하게 개관했는데, 이것과 별개로 불전에는 인간의 행복과 불행에 관한 3가지의 논설이 설명되고 있다.

어떤 사문이나 바라문은 다음과 같이 설하고 다음과 같이 본다. "(1) 모든 사람들은 낙樂, 고苦, 혹은 비고비락非苦非樂을 받는다. 이 모든 원인은 전생에 만든 것이다(숙작인론宿作因論). (2) 모든 사람들은 낙, 고, 혹은 비고비락을 받는다. 이 모든 원인은 신이 신비한 힘으로 만든 것(化作)이다(존우조론尊祐造論). (3) 모든 사람들은 낙, 고, 혹은 비고비락을 받는다. 이 모든 것은 무인무연無因

無緣이다(무인무연론)."

이 3가지를 불교에서는 '외도의 3가지 의지처'라고 하여 비판의 대상으로 여긴다. 이를 업사상의 관점에서 부연 설명하면 다음과 같다.

(1) 숙작인론: 모든 것은 과거세에서 만들어진 업의 결과로서 인간의 행복과 불행도 모두 과거의 업(숙업)에 의해 결정된다.
(2) 존우조론: 만물은 모두 신이 만들어 낸 것이기에 인간의 행복과 불행도 신에 의해 결정된다.
(3) 무인무연론: 모든 것은 우연으로서 인이나 연이 관계하는 것이 아니기에 인간의 행복과 불행은 모두 우연의 산물이다.

불교의 관점에서 이 3가지 논설의 어디에 문제가 있는 것인가를 확인해 보면, 그것이 바로 불교 업사상을 가장 잘 나타내는 특징이 될 것이다. 불교로부터의 비판을 소개하기 전에, 우선 그 비판의 전제가 되는 붓다의 입장을 확인해 둘 필요가 있다. 그것은 붓다가 '업론業論자이고, 행위론行爲論자이며, 정진론精進論자'라는 점이다.
제2장에서부터 자세하게 살펴보겠지만, 붓다는 불교의 근본사상인 연기의 입장에서 인과론을 구사하고 이 세상의 고락을 설명한다. 그러한 입장에서 보면 이 3가지의 설은 허용되기 힘들 수밖에 없다. 무슨 이유에서인가?

불교로부터의 비판

(1) 숙작인론宿作因論은 숙업론이나 숙명론이라고도 바꿔 말할 수 있는데, 이는 과거세에서 지은 업이 현세뿐만이 아니라 미래세에도 영향을 줄 수 있다는 사고방식이다. 인도의 카스트제도와 같이 태어남에 의해 인간의 가치가 정해진다는 가혹한 현실을 살아갈 수밖에 없는 사람들에게 있어 노력이 아무 의미가 없게 되어 버린다.

노력한다고 할지언정 카스트에 어떠한 변화도 생기는 것이 아니기 때문이다. '그렇기에 다음 생에는'이라는 생각도 생길 수 있으나, 이 가혹한 현상은 그러한 희망조차도 꺾으며, 인간의 사고를 정지시켜 버리는 기능을 할지도 모른다. 이러한 내용에 대한 불교 측의 비판을 정리하면 다음과 같다.

이 사고방식에 따르면, 살생 등의 악업도 모두 과거세에 지은 업의 과보이기에, 현세에서 인간이 저지른 행위의 결과가 아닌 것이 된다. 그렇게 되면 '이건 하지 않으면 안 된다', 혹은 '이건 해서는 안 된다'라는 판단이나 노력을 부정하는 것이 되어 선업을 실천하거나 악업을 피하려는 윤리관이 부서지게 된다.

(2) 존우조론尊祐造論은, 바라문교의 최고신이며 자재신인 브라흐만이 이 세상의 모든 것을 창조했다는 사상의 토대 위에 만들어진 것으로, 이 세상의 모든 것은 브라흐만의 의지에 의한 것이 된다. 기본적인 구조는 앞의 숙작인론과 크게 다르지 않다. 왜냐하면 숙작인론의 '과거의 업'을 '자재신'으로 바꾸기만 하면 되기 때문이다.

신의 존재는 인정하지만, 신의 존재의의를 인정하지 않는 불교에서 인간의 행복과 불행을 결정하는 것은 인간의 업(행위)이기에, 그것에

신의 뜻 등을 용인해 줄 리가 없는 것이다. 이에 대한 비판은 앞의 숙작인론과 마찬가지로, 이것을 인정한다면 인간의 악업도 신의 뜻이 되어 버리고, 또한 '이건 해서는 안 된다'라는 판단이나 노력을 부정하고 윤리관을 부서트리는 결과가 되어 버린다고 한다.

신의 뜻으로 인간이 악을 저지르거나 고통을 받는 것이라면, 자재신이 이 세계를 창조한 목적이나 이유는 무엇인가, 혹은 자재신은 자비로운 존재인가라는 비판이 불교 측에서 일어나게 된다. 이는 신이 천지를 창조했다고 하는 그리스도교에서 이 세상의 '악'을 어떻게 설명하는가와도 공통된 것이기도 하다.

마지막으로 (3) 무인무연론無因無緣論인데, 연기사상에 근거한 인과론을 설하는 불교가 무인무연론과 상대되는 것은 당연하다. 앞서 소개한 육사외도 중에서 푸라나 캇사파, 아지타 케샤캄바린, 그리고 막칼리 고살라, 이 세 사람이 여기에 해당한다.

업론자이며 정진론자인 붓다에게 있어 무인무연론은 정진(노력)을 부정하고, 나아가서는 윤리도덕을 부정하는 것이 되기에, 불교가 이것을 부정하는 것은 지극히 당연한 것이라고 할 수 있다.

붓다의 입장

이처럼 붓다는 3가지 논설을 모두 부정하는데, 그 부정의 내용에서 불교의 입장을 넌지시 드러내고 있다. 붓다 자신이 업론자·행위론자·정진론자인 것은 이미 확인했는데, 신의 존재 의미를 인정하지 않는 불교가 인과론을 사용해 인간의 행복과 불행을 설명하려 한다면, 자연히 인간 그 자체의 행위가 문제시되게 된다.

그리고 행위의 주체인 인간의 자유의사를 불교는 존중하지만, 그것은 인간의 책임을 엄격히 묻는 것이기도 하다. 인간은 자신의 책임에 맞게 행위를 선택해야 하며, 그 행위의 여하에 따라 행복과 불행이 결정된다고 설하는 입장에서 붓다는 업론자이며 행위론자인 것이다.

또한 붓다는 정진(노력)을 인정하는데, 정진하는 것에 의해 이 세상에서의 인생이 바뀔 수 있고, 인간도 달라지는 것이라고 강조하는 정진론자이기도 하다. 숙작업론이나 존우조론 등의 형이상적 존재를 인정하지 않고, 이 세상의 인간이 이 세상에서 만든 업에 의해 미래가 만들어지는 것이라는 붓다의 가르침은 카스트제도에 지배되던 당시의 인도에서 상당히 참신한 설로 받아들여졌을 것이다.

그럼 숙작업론과 불교의 업론에 어떤 차이가 있는지에 대해 살펴보겠다. 숙작업론도 어떤 의미에서는 인과를 인정하고 있기에 불교의 업론과 겹치는 부분도 있지만, 과거의 업이 영향을 미치는 범위에 있어 큰 차이가 있다. 숙작업론에서는 과거의 업이 현세뿐만 아니라 미래세의 모습까지도 절대적인 형태로 결정지어 버린다고 설한다. 그렇다면 불교의 업론은 어떠한가?

시간을 과거세·현세·미래세의 삼세로 구분짓는 경우, 과거세의 업은 현세의 삶의 모습을 결정하고, 일부는 미래세의 모습에도 영향을 줄 수 있는 가능성을 지니고 있지만, 인간이 현세에서 어떠한 업을 짓는가에 대해서는 완전히 자유롭다.

분명 과거세와 현세라는 차원에서 불교의 업론은 숙명(운명)론적 색채를 부정할 수 없지만, 현세에서 미래세라는 차원에서는 인간의 자유의사를 인정하고, 또한 그것을 토대로 정진함으로써 자신의 미래를 자신이 만들 수 있기에, 이 점이 바로 숙작업론과 결정적으로 다른 것이다.

이 점을 보다 명확하게 하기 위해 그리스도교의 최후의 심판과 비교해 보겠다.

불교와 그리스도교의 차이

그리스도교의 시간은 천지창조로부터 시작되어 최후의 심판에서 끝나는 직선적인 형태이다. 이 최후의 심판에서는 예수가 사람들을 심판하며, 신의 세상으로 보낼지 지옥으로 떨어뜨릴지를 결정한다. 미켈란젤로의 작품으로 유명한 시스티나 성당의 천장화에 표현되어 있듯이, 지옥으로 가는 것이 선고된 사람은 두 번 다시 지옥에서 빠져나올 수 없다. 이 선고는 결정적이며, 어떤 의미에서는 운명론적이기도 하다.

그에 비해 불교는 어떠한가? 다르마루치(Darmaruci)라는 불제자의 흥미로운 예시가 있어 소개하겠다. 그는 금생에 '붓다'라는 말을 들은 것이 기연이 되어 출가해 수행을 쌓아 아라한이 되었다.

아라한이 되면 육신통六神通이라는 초인적인 능력을 얻게 되는데, 그중 하나가 숙명통宿命通으로 사람의 과거세를 알 수 있는 능력이다. 다르마루치는 이 능력을 사용해 자신의 과거세에서의 모습을 찾아보니, 과거세에 3번이나 붓다와 만났던 것을 알게 되었다. 그리고 그는 붓다가 있는 곳으로 찾아가 다음과 같이 붓다에게 인사를 건넸다.

다르마루치가 붓다의 곁으로 다가갔다. 그리고 세존의 양발에 머리를 대고 예배를 한 뒤 한쪽에 앉았다. 자리에 앉은 〔다르마루치〕에게 세존이 "다르마루치여, 오랜만이구나"라고 말씀하시자, 다르마루치는 "세존이시여, 오랜만에 뵙습니다"라고 대답했다. 세존이 〔다시〕 "다르마루치여, 실로 오랜만이구나"라고 말씀하시자, 다르마루치도 〔다시〕 "세존이시여, 실로 오랜만에 뵙습니다"라고 대답했다. 세존이 〔또 다시〕 "다르마루치여, 실로 정말 오랜만이구나"라고 말씀하시자, 다르마루치도 〔또 다시〕 "세존이시여, 실로 정말 오랜만에 뵙습니다"라고 대답했다.(Divy. 241.10-16; cf. 히라오카〔平岡 2007a: 437-438〕)

이를 듣고 비구들은 이상하게 여기며 붓다에게 그 이유를 물었고, 붓다와 다르마루치는 과거세에 이미 3번이나 만났던 것을 알려주었는데, 그중 실로 흥미로운 이야기가 한 가지 있다. 지면상 상세하게는 다루지 못하지만(자세한 내용은 히라오카〔平岡 2007a: 424-469〕를 참조), 그는 어머니와 함께 아버지를 죽이고, 다시 어머니를 죽인 뒤, 마지막에는 아라한까지 죽인 중대한 악업을 저지르고 만다.

자포자기한 그는 사찰을 찾아와 출가하고 싶다고 말하지만 가는 곳마다 거절당한다. 당연한 일이지만, 그는 화를 내며 사찰에 불을 질렀고, 그로 인해 많은 비구들이 타죽게 되었는데, 그 사찰에는 삼장에 통달한 비구(붓다)가 있었다. 그는 다르마루치를 삼보에 귀의시키며 "만약 어느 때이든 '붓다'라는 말을 듣게 된다면, 그대는 기억을 되찾을 것이다"라고 주문을 걸었다.

그 후 다르마루치는 그 악업의 과보로 셀 수 없을 정도로 지옥에 태어나게 되었고, 금생에 비로소 '붓다'라는 말을 듣게 된 것이 기연이 되어 출가하여 아라한이 된 것이다. 즉 아무리 악업을 많이 쌓았더라도 지옥에서 그 고통을 감수하며 악업을 전부 받아 없앤다면 다시금 좋아질 수 있다는 것을 불교는 인정하고 있다. 물론 다르마루치와 같은 경우는 눈앞이 깜깜할 정도로 긴 시간이 필요한 것이다.

이 이야기를 통해 알 수 있듯이, 불교의 경우 그리스도교와 달리 지옥은 영원히 갇히는 감옥이 아니라 언젠가 빠져나와 다시 시작할 수 있는 곳이다. 이러한 의미에서 불교의 업론은 숙명론이나 운명론이라고 말하기 어렵다. 그 이후의 노력 여하에 따라 인생은 달라지는 것이기 때문이다.

자이나교의 업사상

앞서 소개한 육사외도의 한 사람인 니간타 나타풋타의 업사상에 대해 소개하겠다. 그의 본명은 바르다마나(Vardhamāna)이며, 이후 마하비라(Mahāvīra, 위대한 영웅)라 불리게 된다. 그리고 그가 세운 자이나교는 '지나(Jina, 승리자)의 가르침'이라는 의미이다. 그는 붓다와 동시대의 인물이며 사상적으로 공통점도 많은데, 예전부터 불교와 자이나교의 비교연구가 활발하게 이루어졌을 정도이다.

자이나교에도 많은 문헌이 남겨져 있으며 흥미로운 사상도 상당하지만, 여기서는 업보윤회에 중점을 두고 와타나베[渡辺 2005: 187-198]의 연구를 참고하여 그 요점만을 정리하겠다.

불교가 업을 정신적인 것으로 생각한 것에 비해, 자이나교는 업을

'물질적인 것'으로 여겼던 점에 우선 주목해야 한다. 자이나교에 있어 업은 일종의 '미세한 물질'로서 이 업이 신체의 내부에 유입되어 영혼에 붙으면 '업의 신체(=업에서 만들어진 신체)'라는 특별한 신체가 형성되고, 이것이 영혼의 본성을 감추고 속박시킨다고 생각했다.

선업은 즐거움(樂)을, 악업은 괴로움(苦)를 만드는 원인(因)이 되지만, 악업뿐만이 아니라 업 그 자체가 괴로움을 가져오는 원인이기에 '인생은 괴로움'이며, 업이 다음 생의 운명을 결정짓는다고 하여 불교와 비슷한 설명을 한다. 그리고 악인은 지옥에 떨어진다고 하여 지옥의 무서운 광경을 설함으로써 업의 무서움을 강조하기도 한다.

그럼 이러한 자이나교에서 해탈은 어떻게 여겨지고 있는가? 업의 속박에서 벗어나기 위해서는 업을 짓지 않는 것, 즉 행위를 하지 않는 것을 목표로 하여 자이나교에서는 업의 흐름을 끊는 것이 설해진다. 그렇기에 출가자란 행위를 멈춘 자로서, 자이나교는 '사리捨離의 설'을 가르친다.

선악의 업은 고락의 과보를 가져오기에 새로운 행위를 아무것도 하지 않으며, 과거로부터의 업은 '뿌리칠' 필요가 있다. 자이나교에서 업은 물질이기에 '뿌리칠' 수가 있다. 이렇게 하여 자이나교의 궁극적 목적인 '무행위無行爲'가 이루어질 수 있는 것이다.

다양한 수행, 특히 고행을 통해 '업의 신체'를 다해 없앤다면 영혼의 청정한 본성이 저절로 나타나 모든 괴로움에서 벗어나게 되는데, 이것이 자이나교가 말하는 '해탈'이다. 그리하여 업과의 이어짐이 없어지면 영혼은 그 순간에 우주의 가장 높은 장소로 자연스레 옮겨가게 된다고 설한다.

여담이지만, 행위 중에서도 살생이라는 악업은 위로 올라가는 성향을 지닌 영혼을 아래로 끌어당기는 최악의 업이기에 출가자는 특히 더 유념해야 한다. 그래서 물을 마실 때도 여과기로 물을 걸러 물속의 미생물을 걸러내야 하고, 길을 걸을 때도 작은 생물조차 밟아 죽이지 않도록 불자(拂子, 일종의 빗자루)로 자신이 걸어가는 방향을 쓸면서 가야만 한다.

그러나 재가신자가 되면 그 정도까지 철저히 지키지 않아도 되지만, 살생을 피하는 일(농업도 땅속의 생물을 죽일 수 있기에 자이나교에서 피하는 일이다)밖에 할 수 없기에, 많은 자이나교 재가신자가 상업에 종사한다고 한다.

제2장 전통불교의 업사상-총론

1. 업사상의 원칙

붓다는 윤회를 인정했는가?

업보를 토대로 하는 윤회설은 후대의 불교에서는 당연한 것처럼 설해지지만, 정작 교조인 붓다 자신이 윤회설, 즉 내세를 인정했는가에 대해서는 미묘한 문제가 있다. 일설에 따르면, 붓다는 '죽은 후의 존재는 있는 것인가?' 혹은 '우주는 유한한가 무한한가?'라는 형이상학적인 질문에 대해 '무기無記'의 자세를 취했다고 한다. 즉 내세는 존재하는가 아닌가라는 질문에 대해서도 '있다'나 '없다'로도 대답하지 않았던 것이다.

　붓다는 지성적으로 대답할 수 없는 질문에 대해서는 처음부터 문제시하지 않았던 것을 알 수 있으나, 이 설화만으로는 붓다가 윤회를 인정했는가 아닌가를 판단할 수 없다. 최근 정밀한 문헌의 비판적 연구를 통해 나미카와[並川 2005: 109-129]가 이 문제에 대한 새로운 가설을 제시하였기에 그 개요를 소개하겠다.

예전부터 빨리 불전의 성립을 크게 고층古層(운문韻文)과 신층新層(산문散文)으로 나누는 시도가 있었지만, 그는 그 고층에 해당하는 문헌을 보다 세분화하여 최고층最古層(『경집』 제4-5장)과 고층(『상응부』 제1장·제4장, 『경집』 제1-3장, 『법구경』, 『장로게』와 『장로니게』)으로 구분하여, 둘 사이에 나타난 윤회관의 차이에서 최고층보다도 훨씬 오래된 것으로 여겨지는 붓다의 윤회관을 찾으려고 한다.

그에 따르면, 최고층에서는 윤회가 부정적 표현으로 설해지고, 또한 윤회와 업보를 묶어서 설명하는 기술이 보이지 않는 것에 비해, 고층이 되면 '저 세상과 이 세상', '재생再生', '생사', '윤회' 등 윤회에 관한 표현이 나타나게 되고, 또한 '마지막 몸(最後身)'이나 '삼명三明' 등 윤회를 전제로 한 용어도 곳곳에서 발견되며, 윤회에 관한 용례도 설해지게 된다고 한다.

이 변화는 불교가 시대의 흐름과 함께 보다 적극적으로 윤회를 수용하게 된 것을 나타낸다고 나미카와는 지적한다. 이 지적을 근거로 나미카와[2005: 128-129]는 붓다의 윤회관을 다음과 같이 추론한다.

> 고타마 붓다의 윤회관을 고찰할 경우, 그것은 시대적으로 볼 때 최고층의 자료보다도 오래되거나, 아니면 거의 동시대의 것에서 찾아보아야 한다. 그렇다면 고타마 붓다의 윤회관은 최고층의 자료에서 보이는 윤회관과 동일한 것인지, 그보다도 오래된 것인지, 이 둘 중의 어느 하나에서 확인할 수 있을 것이다.

최고층보다도 오래된 것이라고 상정할 경우, 최고층에서 고층으로 전개된 윤회관의 흐름과는 반대의 흐름으로 파악되기에, 고타마 붓다의 윤회관은 윤회에 대해 최고층의 자료에서 보이는 사고방식과 같거나, 혹은 그것보다도 거리를 둔 소극적인 사고방식이 되기에, 그의 사고방식이나 견해는 어디까지나 현세에 역점을 두겠다는 태도를 강하게 나타냈던 것은 아닐까 추론할 수 있다.(요약)

아마도 이것이 현시점에서 도달할 수 있는 붓다의 견해에 가장 가까운 윤회관일 것이다. 즉 윤회를 인정하지 않았을 가능성이 상당히 높은 것이다. 그러나 시대가 흐르며 그때까지 인도에 뿌리내리고 있던 윤회설을 불교가 적극적으로 받아들이게 되고, 나아가서는 육도六道(오도五道) 윤회설을 전제로 하는 불교 교리까지 만들어지게 된다.

이는 어디까지나 추론으로, 실제로 붓다가 윤회를 부정했는지 긍정했는지는 판단할 수 없지만, 불멸 후 불교 교단이 윤회를 전제로 교리를 체계화했다는 것은 사실이다. 특히 대승불교의 논서에 이르러서는 전문가조차 쉽게 이해할 수 없는 사상 체계를 갖추게 된다. 이 책에서는 거기까지 다루지 않겠지만, 전통불교의 문헌에서도 상당히 복잡한 내용으로 설해지고 있다.

윤회의 영역(오도와 육도)

이러한 윤회사상은 업사상과 합쳐져 불교사상의 중요한 한 축을 담당하게 된다. 우선 그 윤회사상의 기반이 되는 윤회의 영역에 대해 살펴보겠다. 윤회라고 하면, 육도라는 표현이 나올 정도로 동양인에게는 육도윤회로 알려져 있다. 그리고 그와 더불어 육도의 유정('중생'이라고도 한다. 인간을 포함해 '살아 숨 쉬는 존재'를 의미)을 구제하는 지장地藏보살이 지니고 있는 육환장도 6개이고, 일본에서는 지장보살이 여섯 분이 있다고 해서 육지장으로도 알려져 있다.

그러나 부파불교에 의해 생겨난 20여 개의 부파가 전부 윤회의 영역을 6개로 하지는 않았으며, 부파에 따라 5개로 하는 부파도 있었는데, 우선 육도는 다음의 6개를 말한다.

(1) 천天(deva)

(2) 인人(manuṣya)

(3) 아수라阿修羅(asura)

(4) 축생畜生(tiryñc)

(5) 아귀餓鬼(preta)

(6) 지옥地獄(naraka)

(1) 천은 '신神'을 가리킨다. 셈계(Semites)의 일신교와는 달리 인도는 다신교인데, 천은 육도윤회에서 가장 높은 위치에 있으며 그 안에 다시 6개의 천이 존재한다(이를 '육욕천六欲天'이라 한다. 후술).

(2) 인은 우리 인간의 세계인데, 천과 인의 2가지를 '선취善趣'라고 하여 육도윤회 중에서도 '선한 행선지'로 여겨진다.

(3) 아수라는 산스크리트어의 asura를 그대로 음사한 것으로, a(부정사)와 sura(신)의 원어 해석에 따라 asura는 '신이 되지 못한 자'로도

해석된다. 그리고 아수라는 '아수라장'이라는 표현으로 대표되듯이 '싸움을 좋아하는 귀신'을 의미하며, 영어로 'fighting ghost'라고 번역된다. 오도윤회의 경우 이 아수라가 생략된다.

(4) 축생의 원어가 '횡橫'을 의미하기에 '방생傍生'으로도 번역되는데, 이는 '동물動物'을 의미한다.

(5) 아귀의 원어는 preta로, pitṛ(아버지·선조)와 같은 어원인 점에서 선조의 영혼(祖靈)이라는 의미도 있지만, 여기서는 '굶주림으로 괴로워하는 귀신'이란 뜻이며, 영어로 'hungry ghost'라고 번역된다.

(6) 지옥은 육도윤회의 가장 낮은 곳에 있는데, 우리에게도 지옥도와 같은 것으로 잘 알려진 영역이다. 산스크리트어 naraka의 음사로 '나락奈落'이라고도 한역되어 '나락에 떨어지다'라는 표현으로 잘 알려져 있다. 이 지옥·아귀·축생의 3가지를 '삼악취三惡趣'라고 하여 '선취(천·인)'와 대비된다.

이처럼 불교는 6가지(혹은 5가지) 윤회의 영역을 두어 생전에 행한 업의 내용에 따라 다시 태어날 곳이 정해진다는 업보윤회설을 설한다. 즉 선업을 쌓으면 천·인의 선취에, 악업을 저지르면 지옥·아귀·축생의 삼악취에 다시 태어난다고 하여, 악을 피하고 선을 쌓게 하도록 가르친 것이다.

그러나 불교의 궁극적 목표는 선취에 다시 태어나는 것이 아니다. 선업의 과보가 다하면 천의 영역에서 나오게 되기 때문에 그조차도 안심할 수 있는 곳은 아니다. 그래서 불교는 윤회 자체를 초월하는 것, 즉 해탈을 목표로 하는 것이다.

오도설의 경우 (3)아수라가 빠지는데, 오도설이냐 육도설이냐는 부파에 따라 차이가 있다. 예를 들어 남방상좌부나 설일체유부 등의 많은 부파에서는 오도설이지만, 대중부나 정량부에서는 육도설을 설한다.

삼계

이 오도·육도만이 윤회 영역의 전부가 아니다. 불교에는 '삼계三界(욕계欲界·색계色界·무색계無色界)'라는 개념이 있는데, 앞서 설명한 육도는 이 중에 속해 있다.

(1) 무색계: 물질을 초월한 세계로 정신만으로 이루어진 세계
(2) 색계: 모든 욕망을 떠난 청정한 물질(색)만으로 이루어진 세계
(3) 욕계: 애욕이나 식욕 등의 욕망을 지닌 생물이 사는 세계

욕계에는 생명이 살아가는 6가지의 영역이 있고, 색계는 선정禪定과 관련된 천으로 초선初禪부터 제4선까지 4단계로 구분되며, 각 단계마다 다시 여러 천이 존재한다. 무색계도 색계와 마찬가지로 선정과 관련된 천으로 물질적인 감각을 떠난 상태에 들어선 4가지의 단계가 있다. 이것들을 정리하며 다음과 같다(괄호 안의 천은 위에서 아래로의 순서이다).

(1) 무색계(비상비비상처非想非非想處·무소유처無所有處·식무변처識無邊處·공무변처空無邊處)
(2) 색계: 제4선(색구경천色究竟天·선견천善見天·선현천善現天·무열천無

熱天・무번천無煩天・광과천廣果天・복생천福生天・무운천無雲天)

제3선(변정천遍淨天・무량정천無量淨天・소정천少淨天)

제2선(극광정천極光淨天・무량광천無量光天・소광천少光天)

제1선(대범천大梵天・범보천梵輔天・범중천梵衆天)

(3) 욕계: 육욕천(타화자재천他化自在天・화락천化樂天・도솔천兜率天・야마천夜摩天・삼십삼천三十三天・사대왕천四天王天)

선정의 깊이에 따라 죽은 뒤 무색계나 색계에 태어나는 차이가 생긴다. 이처럼 천계가 여러 단계로 이루어져 있는 것과 같이, 정반대의 지옥에도 몇 가지의 종류가 있기에 함께 다루도록 하겠다. 지옥에는 크게 팔열八熱지옥과 팔한八寒지옥의 2종류가 있다. 혼조[本庄 2015: 157-159]의 연구를 참고하여 그 내용을 소개하겠다.

팔열지옥

(1) 등활지옥等活地獄: 죄인이 옥졸에게 베어 잘려 기절하게 되지만, 바람이 불면 원래대로 되살아나 끊임없는 고통에 시달린다.

(2) 중합지옥衆合地獄: 양의 모습을 한 산이 양쪽에 밀려와 죄인을 짓누른다.

(3) 흑승지옥黑繩地獄: 목수가 사용하는 먹물을 묻힌 끈으로 죄인이 자신의 신체에 검은 줄을 그으면 그 선에 따라 토막토막 잘린다.

(4) 규환지옥叫喚地獄: 죄인이 높은 곳에서 밀려 떨어지며 울부짖는다.

(5) 대규환지옥大叫喚地獄: 규환지옥보다도 격렬하게 죄인이 울부짖는다.
(6) 염열지옥炎熱地獄: 불길이 죄인을 태운다.
(7) 극열지옥極熱地獄: 염열지옥보다도 격렬한 불길이 죄인을 태운다.
(8) 무간지옥無間地獄: 아비지옥阿鼻地獄이라고도 하며, 가장 가혹한 지옥이다. 무간지옥의 명칭은 잠깐의 쉴 틈도 없이 고통을 받는다는 것과, 죽자마자 잠깐의 틈도 없이 곧바로 이 지옥에 떨어진다는 등의 의미가 있다. 5가지 무간업(후술)을 저지르면 이곳에 떨어진다.

팔한지옥

(1) 알부타지옥頞部陀地獄: 추위로 인해 죄인의 피부에 흉터(arbuda)가 생긴다.
(2) 니랄부타지옥尼剌部陀地獄: 보다 큰 흉터가 생긴다.
(3) 알찰타지옥頞哳吒地獄: 추위로 인해 죄인이 'aṭaṭa aṭaṭa'라고 소리를 낸다.
(4) 확확파지옥臛臛婆地獄: 추위로 인해 죄인이 'hahava hahava'라고 소리를 낸다.
(5) 호호파지옥虎虎婆地獄: 추위로 인해 죄인이 'huhuva huhuva'라고 소리를 낸다.
(6) 올발라지옥嗢鉢羅地獄: 추위로 인해 죄인의 피부가 푸른 연꽃(靑蓮 Utpala)과 같이 된다.
(7) 발특마지옥鉢特摩地獄: 추위로 인해 죄인의 피부가 붉은 연꽃(紅

蓮 Padma)과 같이 된다.

(8) 마하발특마지옥摩訶鉢特摩地獄: 발특마지옥보다 한층 빨갛게 된다.

이상이 유정이 윤회하는 모든 영역이다. 윤회와 관련하여 불전에서 설하는 '즐거움(樂)'에 2가지 다른 레벨이 존재하는 것에 주의해야 하는데, 바로 세간(재가)의 레벨과 출세간(출가)의 레벨이다. 세간(재가)의 레벨에서의 즐거움은 선취에 다시 태어나는 것이지만, 출세간(출가)의 레벨에서의 즐거움은 욕계뿐만이 아니라 이 삼계에서 윤회하는 것으로부터 해탈하는 것이다.

즉 세간의 레벨에서의 괴로움꿈은 삼악취에 다시 태어나는 것이고, 즐거움은 선취(욕계의 천이나 색계, 무색계)에 다시 태어나는 것이지만, 출세간(출가)의 레벨에서의 괴로움은 선취와 삼악취를 포함한 윤회 그 자체가 괴로움이며, 그것에서부터 해탈하는 것만을 즐거움으로 삼는다.

선인락과·악인고과

윤회의 영역에 관한 설명에 이어 다음으로 업사상의 원칙을 몇 가지 확인하겠다. 첫 번째 원칙은 '선인락과善因樂果·악인고과惡因苦果'이다. '선인선과善因善果·악인악과惡因惡果'로 표현되는 경우도 있는데, 이는 올바른 것이 아니다. 불교에서는 원인이 되는 업에는 선악이 존재하지만, 결과에는 선악이 없다고 여긴다. 무슨 이유에서인가? 우선 이 점에 대해 살펴보겠다.

예를 들어 살인을 저질렀다고 하자. 살인은 살생이기에 불교에서 이는 악업에 해당된다. 그리고 그 악업의 과보로 그 사람은 사형을 선고받게 될지도 모른다. 그렇다면 이 사형선고는 '악'인 것인가? 오츠카[大塚 1992]에 따르면, 사형을 선고받은 사형수가 그것을 기연으로 바른 사람으로 거듭난 사례가 몇 차례 보고된 바 있다.

즉 그들은 살인이라는 악업을 거울삼아 스스로 깊은 반성을 하고, 그 죄를 뉘우치며 자신이 해를 가한 사람에 대한 공양을 하루도 빠짐없이 올려, 설령 사형이 집행되어 죽더라도 저세상에서 자신이 죽인 사람을 꼭 다시 만나 자신의 죄를 참회하고 싶어 하는 마음이 있어 죽음이 무섭지 않다는 사람도 있다. 이런 보고를 보더라도 사형을 '악과'라고 할 수 없다.

다음으로 반대의 경우를 살펴보겠다. 열심히 공부를 하는 것은 선업이다. 그러나 그 결과로 일류 대학에 들어가게 되는 것이 '선과'인 것인가? 예를 들어 그 사람이 '난 무엇을 하더라도 1등만 한다'고 자만하게 되고, 훗날 유명 대기업의 간부가 되어 회사를 자기 마음대로 하다가 결국 도산시키게 했다면 일류 대학에 들어가게 된 것을 '선과'라고 할 수 있겠는가?

다시 말해, 결과 자체는 선도 악도 아니며, 그것을 어떻게 받아들이는가에 따라 선이나 악이 될 수 있는 것이다. 사형수의 이야기라면, 사형선고를 자기반성의 인연으로 삼아 바른 사람이 되기도 하고, 혹은 죽는 순간까지 자신의 죄를 인정하지 않고 억울함만 주장하며 안하무인으로 살기도 한다.

대학 입학의 이야기라면, 일류 대학에 들어간 것으로 자만심에 빠지기도 하고, 혹은 노력한다면 무엇이든 이룰 수 있다고 여기며 항상 겸손히 노력하는 자세를 갖기도 한다. 중요한 것은 그 결과를 받아들이는 자세이다. 그렇기에 결과 자체는 선악이 아니라 고락苦樂, 즉 '괴로운 일/즐거운 일'인 것이기에 '선인락과·악인고과'가 올바른 표현인 것이다.

그럼 다음으로 그 행위의 선악의 기준에 대해 살펴보겠다. 다시 말해 무엇을 기준으로 선악을 판단하는 것인가라는 문제이다. 일신교와 같이 절대자가 있는 종교라면 그 신에 의해 선악의 기준이 세워지고 인간은 그것을 따르기만 하면 된다. 그러나 불교는 신의 존재의의를 인정하지 않고, 선악의 판단기준은 어디까지나 인간 자신이 되기에 특별한 기준이 필요하게 된다. 『법구경』의 내용을 통해 살펴보겠다.

> 행동한 다음 후회하며 얼굴에 눈물이 흘러넘칠 정도로 그 과보를 받는다면, 이러한 업은 선한 일에 의한 것이 아니다.
> 그러나 행동한 다음 후회하지 않고 매우 기뻐하며 그 과보를 받는다면, 이러한 업은 선한 일에 의한 것이다.(Dip. 67-68)

이처럼 결과로써 고통을 가져온 업은 악이고, 즐거움을 가져온 업은 선이라는 것처럼, 결과로부터 행동의 선악을 판단하는 것이 불교의 기본적인 선악의 기준이기 때문에, 다른 종교와 비교하면 이는 매우 특별한 기준일 것이다.

자업자득

다음은 '자업자득自業自得'의 원칙이다. 일상적으로 자주 사용되는 사자성어로 자신이 만든 업의 과보는 반드시 그 자신에게 되돌아가며 다른 사람이 대신 받을 수 없다는 것을 의미한다. 예를 들어 다음과 같은 것이다.

> 유정들은 업을 자신의 것으로 하여, <u>업을 상속相續하고</u>, 업을 모태로 삼아, 업을 친척과 같이 여기며, 업을 의지처로 삼는다. 그들은 선악의 업을 만들어, <u>그 업의 상속자가</u> 된다.(AN v 288.27-29)

여기서 업의 행위자가 그 업을 상속한다고 명확하게 나타나 있는데, 다음의 용례에서는 보다 직접적으로 자업자득을 설명한다. 『중부』에서는 앞서 설명한 선인락과·악인고과의 원칙을 설명한 다음, 염라대왕이 심판을 내린 직후 이런 이야기를 한다.

> 「실로 이러한 그대의 악업은 어머니가 만든 것이 아니고, 아버지가 만든 것도 아니며, 형제가 만든 것도 아니고, 자매가 만든 것도 아니며, 친구가 만든 것도 아니고, 친척이 만든 것도 아니며, 사문이나 바라문이 만든 것도 아니고, 신들이 만든 것도 아니다. 이 악업은 그대 자신이 만든 것이다. 그대는 이 악업의 과보를 받아야 한다.」(MN iii 180.25-30)

우리나라에 불교가 깊이 자리하고 있지만, 불교의 사상 전체가 정확하게 받아들여져 있지는 않다. 그 일례가 '부모의 업보가 자식에게 이어진다'라는 표현이다. 이는 자업자득의 원칙에서 본다면, 앞선 내용과 같이 부모의 악업의 과보가 자식에게 이어진다는 도리는 성립되지 않는다. 대승불교가 되며 이러한 원칙이 무너져 버리지만, 전통불교에서는 이것이 업사상의 기본이다.

업의 불가피성

업은 일단 생겨나면 도중에 없어지지 않는다. 불전에 나타난 용례를 통해 이 점을 확인하겠는데, 우선 『경집』과 『증지부』의 내용을 보겠다.

> 어떤 사람의 업도 사라지지 않는다. 그것은 반드시 그것을 저지른 사람이 그것을 받는다. 어리석은 자는 죄를 만들고, 내세에서 몸에 괴로움을 받는다.(Sn 666)
> 「비구들이여, 고의로 행하여 쌓게 된 업이, [그 과보를] 받지 않고 소멸되어 버린다고 나는 설하지 않는다. 그 [과보]는 현세, 내세, 또는 그 다음의 세에 반드시 받게 되는 것이다.」(AN v 292.2-5)

이어서 소개하는 것은 설일체유부라는 부파의 색채가 깊게 반영되어 전승된 업보설화의 문헌인 『디브야바다나(Divyāvadāna)』에 나온 용례이다.

과거세에 만들어진 선악의 〔업〕은 소멸되지 않는다. 스님들에게 보시한 것은 소멸되지 않는다. 성자들에게 들었던 것은 소멸되지 않는다. 은혜를 아는 사람에게 행한 것은 결코 소멸되지 않는다. 좋게 행한 업은 아름답고, 악하게 행한 〔업〕은 흉하다. 그리고 그 이숙異熟은 존재하며 반드시 과보를 가져온다.(Divy.298. 13-18; cf. 히라오카〔平岡 2007a: 527〕)

대기 중에도 바닷속에도 깊은 산속의 동굴에 들어가도 죽음이 없는 곳은 어디에도 없다. 대기 중에도 바닷속에도 깊은 산속의 동굴에 들어가도 업의 힘이 미치지 않는 곳은 어디에도 없다.(Divy.561. 5-7; cf. 히라오카〔2007b: 484〕)

실로 업은 멀리서도 달라붙는다. 업은 멀리서도 끌어당긴다. 업이 숙성되면 사람을 끌어당긴다.(Divy.566. 6-7; cf. 히라오카〔2007b: 490〕)

이처럼 업은 그림자와 같이 그 행동을 한 자를 따라다니며, 결코 그 행동을 못 보거나 빠뜨리지 않는다.

업의 불상쇄성

업의 불가피성과 더불어 업의 불상쇄성不相殺性도 업의 무서움을 강조하는 요인의 하나이다. 업의 불상쇄성이란 무엇인가? 선업을 행하면 즐거운 과보가 있고, 악업을 행하면 괴로운 과보가 있다는 설명은 어느 정도 설득력이 있어 이해하는 데 큰 어려움이 없지만, 현실의 생활은 실제로 그렇게 단순하지 않다.

우리들의 일생을 생각해 보면, 사람이 한 종류의 선업이나 악업만을 행하며 일생을 마치는 것이 아니고, 다양한 선업이나 악업을 행하면서 인생을 보낸다. 그렇다면 그 경우 선업과 악업의 과보를 어떤 식으로 받게 되는가에 대한 문제가 생긴다. 이것도 부파에 따라 다소의 차이가 있으나, 기본적으로 선업과 악업의 결과는 상쇄할 수 없다. 즉 더하거나 빼는 것이 불가능한 것이다.

예를 들어 질량이 3인 악업과 질량이 2인 선업을 행한 사람은 그 질량의 차이로 인해 악업 1의 과보만을 받게 되는 것이 아니라, 질량 3의 악업과 질량 2의 선업의 과보를 전부 받지 않으면 안 되는 것이다. 이에 대해서도 불전의 용례를 통해 확인해 보겠다.

『디브야바다나』제1장(히라오카[平岡 2007a: 1-56])의 내용을 보면, 주인공인 슈로나(Śroṇa)는 항해를 나가기 전에 자신의 어머니에게 폭언을 내뱉은 것이 원인이 되어 아귀의 세계를 떠도는 처지가 되는데, 거기서 그는 여러 아귀들을 만나며 그들이 받게 된 업의 과보를 직접 보게 된다.

그는 아귀의 세계를 떠돌다가 어느 궁전에 이르게 되는데, 거기에 있는 어떤 남자가 밤이 되면 4명의 천녀들과 어울려 놀다가, 해가 떠서 낮이 되면 그 궁전과 천녀들이 홀연히 사라지고, 대신 검은 반점이 있는 4마리의 개가 나타나 그 남자를 엎드려 눕힌 채 해가 질 때까지 남자의 등을 물어뜯어 먹는다. 그리고 해가 지면 다시 궁전과 천녀들이 나타나 그 남자는 이전과 마찬가지로 그녀들과 어울려 놀았다.

의문이 생긴 슈로다는 그 남자에게 생전에 어떤 업을 지었는지

물었고, 그는 자신의 업을 말해줬다. 그는 목동을 하며 살생을 거듭하였으나, 성자인 마하가전연(Mahākātyāyana)에게 살생을 그치라는 말을 듣게 된다. 그러나 그가 살생을 그치지 않았기에, 낮에 살생을 한다면 적어도 저녁만큼은 계율을 지키라고 성자가 타일렀다. 그 후 그는 이렇게 말했다.

「저녁 동안 계를 지킨 업의 이숙에 의해 밤에는 이처럼 천계의 쾌락을 즐기지만, 낮 동안 내가 양을 죽인 업의 이숙에 의해 낮에는 이처럼 고통을 받는다.」 그리고 그는 게송을 읊었다. 「낮에는 다른 생명을 빼앗고, 밤에는 계〔를 지킨〕 공덕을 갖췄으나, 그 과보로써 이처럼 쾌락과 고통을 〔번갈아〕 받게 되었구나.」
(Divy.10. 12-18; cf. 히라오카〔平岡 2007a: 12〕)

이후 슈로나는 다시 아귀세계를 떠돌다가 다른 궁전에 이르게 된다. 거기에도 어떤 남자가 요염한 천녀와 해가 질 때까지 어울려 놀았으나, 해가 져버리면 그 궁전과 천녀가 갑자기 사라지고, 대신 거대한 지네가 나타나 남자의 몸을 일곱 겹으로 감싼 채 해가 뜰 때까지 남자의 머리를 파먹었다. 해가 뜨면 그 지네의 모습이 사라지고 다시 궁전과 천녀가 나타나 남자와 어울려 놀았다.

슈로나는 그에게도 같은 질문을 하였고, 그는 자신의 업을 말하였다. 그는 밤에 다른 여인과 바람을 피웠으나, 성자인 마하가전연에게 삿된 음행을 그치라는 말을 듣게 된다. 그러나 그가 계속 바람을 피웠기에, 밤에 삿된 음행을 저지른다면 적어도 낮 동안이라도 계율을 지키라고 성자가 타일렀다. 그 후 그는 이렇게 말했다.

「나는 성자 마하가전연에게 계를 받았기에 그 업의 이숙에 의해 낮 동안은 이처럼 천계의 쾌락을 즐기지만, 밤이 되면 내가 다른 부인과 바람을 핀 업의 이숙에 의해 밤 동안은 이처럼 고통을 받는다.」 그리고 그는 게송을 읊었다.
「밤에는 다른 부인에게 넋을 잃고, 낮에는 계〔를 지킨〕 공덕을 갖췄다. 그 과보로써 이처럼 쾌락과 고통을 〔번갈아〕 받게 되었구나.」(Divy.11. 28-12.4; cf. 히라오카〔平岡 2007a: 14-15〕)

이번에는 앞선 예와 반대의 내용이지만 그 의도는 같은 내용이다. 이 두 가지 용례가 여실히 말하고 있듯이 과거세에 행한 '악업 → 선업 → 악업 → 선업'의 과보가 그에 대응하는 모습으로 현세에 '고과 → 낙과 → 고과 → 낙과'가 되어 나타나고 있다.

앞의 예와 같이, 밤에 계를 지녔던 선업에 의해 아귀세계에서 밤에 4명의 천녀들과 어울려 노는 낙과가 생기고, 낮에는 양을 죽인 악업에 의해 아귀세계에서 개에게 잡아먹히는 고과를 받게 되어, 그 업들이 다할 때까지 번갈아가며 이러한 과보를 받는다.

이처럼 악업과 고과, 선업과 낙과의 사이에는 엄밀한 '1 대 1의 대응관계'가 성립되어, 결코 악업과 선업이 상쇄하는 일 없이 그 과보로서의 고과와 낙과가 각각 다르게 한 사람에게 나타난다. 한 번 업을 만든 사람은 선이든 악이든 반드시 어느 쪽의 과보를 각각 다르게 받아야만 한다.

원칙에는 예외가 있다

이상으로 불교 업사상의 원칙인 자업자득, 선인락과·악인고과, 업의 불가피성, 그리고 업의 불상쇄성에 관해 살펴봤다. 그러나 어떤 원리 원칙에도 예외는 존재하는데, 업사상도 그 예외는 아니다. 여기서는 업의 소멸과 업의 상쇄성에 대해 예외적인 용례를 소개하겠다.

이 문제를 처음으로 제기한 것은 라 발레 푸생(La Vallée Poussin〔1927: 207-212〕)이다. 전통불교의 초기 단계에서 업의 소멸을 가능하게 하는 것은 개회改悔·사무량심四無量心(자慈·비悲·희喜·사捨라는 네 가지 광대한 이타利他의 마음)의 수습修習·귀불歸佛, 죄의 고백 등인데, 『디브야바다나』에서 다음과 같은 예외를 찾을 수 있다.

참회懺悔 붓다의 10대 제자인 부르나는 과거세에 아라한에게 "너는 노비 여인이 낳은 자식이다"라고 폭언을 뱉자, 그 아라한이 "그대는 난폭한 말을 내뱉었다. 죄를 죄로써 참회하라. 그렇게 한다면 그 업은 줄어들 것이고, 다해 사라져 소멸될 것이다"라고 조언하였고, 그는 그렇게 참회한다. 본래대로라면 그는 지옥에 떨어진 다음 다시 노비의 자식으로 태어나야 하지만, 그 참회 덕분에 지옥에 떨어지지 않고 오백 생 동안 노비의 자식으로 태어나는 고과를 겪었을 뿐이다.

참회는 회과悔過라고도 하는데, 대승불교의 시대가 되며 참회는 수희隨喜·권청勸請·회향廻向 등과 함께 의례화되어 업장을 소멸시키는 힘이 있다고 여겨지게 된다.

정신淨信 붓다는 누군가의 미래를 예언할 경우, 미소를 보이며 열었던 입에서 광명의 빛을 낸다. 그 빛은 천계와 지옥을 감싸는데, 지옥에

도달한 빛은 지옥 중생의 고통을 완화시켜 준다. 그리고 이어서 붓다는 지옥 중생에게 정신이 생기게 하기 위해 화신불化身佛을 보내 그들에게 모습을 보이면, 그로 인해 그들이 마음을 청정하게 했기에 "본래라면 지옥에서 고통을 받아야 하는 악업을 다 없애고 천이나 인간으로 다시 태어나게 되었다"고 설해진다.

이 붓다를 아미타불로 바꾸면 정토교와 상당히 비슷해지는데, 붓다가 발한 광명이 지옥 중생의 고통을 완화시켜 준다는 내용은 정토사상과 겹치는 점이 있어 실로 흥미 있는 용례이기도 하다.

삼귀의三歸依 축생으로 윤회하게 되어 비탄에 빠진 천인에게 제석천이 불·법·승의 삼보에 귀의하라고 제안한다. 천인이 그렇게 하자 축생으로의 윤회가 사라지고 다시 천에 태어나게 된다. 이는 축생으로 윤회하게 된 악업이 삼귀의에 의해 소멸된 것을 이야기하고 있다.

다라니陀羅尼 불제자 아난다를 항상 따라다니던 불가촉천민의 딸인 쁘라크리티를 붓다가 뛰어난 방편으로 지도한다. 그때 붓다는 그녀가 과거세에 쌓은 악업을 다라니로 청정하게 만들고 불가촉천민에서 해방되었다고 설한다.

이처럼 그 수가 많지는 않지만, 업사상을 극도로 강조하는 설일체유부에서조차 원칙에서 벗어난 예외를 인정하고 있다는 것은 주목할 만하다. 그러나 이것이 도대체 무엇을 의미하는가에 대해서는 뒤에 다시 다루기로 하겠다.

자업자득을 넘어선 악업의 전염

예외와 더불어 흥미 있는 이야기를 하나 더 소개하겠다. 바로 자업자득의 원칙을 넘어선 용례인데, 악업의 과보를 다른 사람과 함께 받게 된다는 내용이다. 즉 어떤 사람의 강한 악업이 다른 사람에게까지 전해지고 주위의 사람들까지 고과를 경험하게 된다는 이야기이다.

『디브야바다나』 제13장(히라오카〔平岡 2007a : 302-351〕)은 스바가타(Svāgata)가 출가하여 아라한이 되는 이야기를 다룬다. 그는 과거세에 저지른 악업에 의해 오백 생 동안 거지로 태어났고, 금생에도 유복한 집에 태어났으나 다시 거지가 되었다.

그가 태어나면서부터 그 집에는 여러 액난이 일어났고, 결국 화근으로 여겨져 집에서 쫓겨나게 된다. 이후 거지들의 무리에 들어가게 되지만, 그가 들어오자마자 이전까지 아무 문제 없이 음식을 얻었던 무리들이 모두 빈손으로 돌아오게 된다.

그런데 어떤 이가 "분명 누군가 우리들에게 화근을 끼친 탓에 이런 일이 벌어진 것이다"라고 했고, 그것을 찾아내기 위해 무리를 둘로 나눠 각각 따로 구걸을 하자고 제안한다. 그러자 스바가타가 있던 무리만 아무도 음식을 얻지 못했다.

같은 방식으로 여러 차례 확인한 끝에 결국 스바가타가 화근인 것을 알게 되었고, 그들은 스바가타를 매우 혼낸 뒤 무리에서 쫓아낸다. 이는 그가 쌓은 악업이 자신뿐만 아니라 다른 동료들에게까지 영향을 끼쳤고, 그 영향을 받은 사람은 음식을 얻지 못하게 되는 고과를 겪은 것이라고 생각되지만, 이것만으로는 실제로 그의 악업이 다른 사람에게까지 영향을 끼친 것인지 아닌지를 명확하게 알 수 없다.

그래서 이 이야기의 뒷부분에 주목해야 한다. 스바가타는 붓다와의 인연이 있어 눈에 들었고, 결과적으로 붓다의 교화를 얻어 아라한이 된다. 그러나 그 전에 붓다는 아난다에게 굶주린 스바가타를 위해 남은 음식을 주라고 지시하지만, 아난다가 그것을 깜빡 잊어버리고 만다.

붓다가 그의 기억을 떠올리게 해 주자, 붓다의 지시를 잊어버린 것을 떠올린 아난다는 그것을 부끄러워하며 애처롭게 울었고, 붓다는 다음과 같이 말하며 아난다를 격려한다.

「아난다여, 그대는 나의 지시를 잊어버린 것이 아니다. 그 때문이 아니라 바로 스바가타의 (악)업이 작용하고 (그) 때가 무르익어 거친 물살과 같이 밀어닥쳐 (그것을) 피할 겨를도 없이 그로 인해 그대는 잊어버리게 된 것이다. 낙담하지 말거라.」(Divy.10. 12-18; cf. 히라오카[平岡 2007a: 12])

붓다의 이 말에서 확실히 알 수 있듯이, 스바가타의 악업이 아난다에게 영향을 주어 잊어버리는 과보를 불러온 것이다. 이 내용에서 추론해 보면, 그의 집에서 일어난 액난도, 거지의 무리가 음식을 얻지 못했던 고과도, 스바가타의 악업의 영향이라고 생각되는 것이 당연할 것이다. 따라서 이 또한 자업자득의 원칙을 벗어난 용례라고 할 수 있을 것이다.

2. 업사상의 배경

교리적 배경

그럼 다음으로 괴로움과 진지함에 대치하는 불교라는 종교가 업사상을 중요시하게 된 배경을 교리적 측면과 현실적 측면에서 확인해 보겠다. 우선 교리적 배경부터 살펴보겠다.

불교는 인생을 고통(고)이라고 인식하고 그 원인을 무명無明으로 본다. 그래서 그 고통의 원인인 무명을 수행으로 없애 마음의 절대적 평안을 얻는 것을 목적으로 하는 종교이다. 따라서 지금 문제로 삼는 업사상은 '무명을 없애는 수행'이라는 점에 관계하고 있다.

또한 재가자에게 있어서도, 마음의 평안함을 얻기 위해 현실적인 고통과 어떻게 맞닥뜨리며 그것을 감수하고, 또한 폐악수선廢惡修善을 목적으로 보다 나은 삶을 살기 위해서라도 업사상은 피할 수가 없는 것이다. 그렇기에 출가자에게도 재가자에게도 업은 중요한 주제가 될 수밖에 없다. 그런데 어째서 업사상이 다시 윤회사상과 이어지는 것인가?

붓다 본인은 윤회에 대해 부정적이었으며, 죽은 이후의 삶과 같은 형이상학적인 물음에 대해 무기無記의 입장을 취한 것 등을 감안하면, 붓다의 관심사는 '지금 살아있는 이 삶'이었으며 이 삶을 어떻게 살아갈 것인가가 최대 관심사였을 것이다. 그러나 붓다가 열반에 든 후, 전생이나 사후를 전제로 하는 윤회사상이 적극적으로 논해지게 된다.

그 이유는 다양할 것이다. 제1장에서 살펴본 바와 같이 인도의 기후와 풍토에 의해 윤회사상은 인도인에게 있어 중요한 원칙이자

조건이었기에, 불교도 역시 그러한 점을 무시할 수 없었다고 여겨진다. 그러나 여기서는 사상적 관점에서 이 문제를 살펴보겠다.

불교의 근본사상은 '연기緣起'이다. 연기란 '인연하여 일어나는 것·어떤 것을 인연으로 생겨나는 것'을 의미한다. 즉 이 세상의 모든 것은 인과관계에 의해 이루어져 있으며, 다른 것의 힘을 빌리지 않고 독자적으로 존재하는 것은 어디에도 없다.

연기설은 시간과 공간을 설명하는 원리로 사용되는데, 공간적인 측면에서의 연기는 제4장에서 다루고 여기서는 시간적 측면에서의 연기만을 설명하겠다.

'꽃이 핀다'라는 경우, 꽃이 어느 날 갑자기 피는 것이 아니다. '꽃이 핀다'는 결과의 직접적 원인(因)은 '씨앗'이다. 그러나 꽃이 피기 위해서는 비옥한 땅에 씨앗을 심고, 적정한 양의 비도 내리고, 햇빛이 비치고, 비료도 주는 등의 간접적 원인(緣)도 필요하다. 이처럼 인과 연이 함께 어우러질 때 꽃이 핀다. 이것이 시간적인 면에서의 연기이다.

그럼 우리의 삶을 시간적으로 설명하는 원리로써 이 연기가 사용된다면 어떨까? 우리의 생(태어남)은 무엇을 인연으로 일어난 것인가(과거 → 현재)? 또는 우리의 죽음을 인연으로 무엇이 일어나는가(현재 → 미래)?

연기라는 관점에서 우리의 인생을 다시 바라본다면 이는 당연한 의문이 될 수밖에 없다. 그렇다면 현재의 삶(결과, 果)을 설명하기 위해 전생(원인, 因)을 알아야 하고, 다시 현재의 삶(원인)에 의해 사후(결과)의 모습도 설명되어야 한다. 이런 연유로 전생과 사후를 전제로 하는 윤회사상이 등장하게 되었다고 여겨지는 것이다.

현실적 요청

이어서 현실적 요청이라는 관점에서 업보윤회설이 필요하게 된 이유를 생각해 보자.

현실 세계로 눈을 돌려보면, 하루가 멀게 비참한 뉴스가 이어지고 있다. 한 명의 독재자로 인해 많은 국민들이 고통스러운 삶을 어쩔 수 없이 살아가거나, 나라와 나라의 자존심 대결로 시작한 전쟁으로 무고한 아이들과 사람들이 목숨을 잃거나, 정당하지 못한 재판으로 죄 없는 사람이 수십 년이나 감옥에 갇히는 등 그 수를 일일이 헤아릴 수 없을 정도다. 이는 선한 사람이 고통받는 경우이다.

그런가 하면, 보이스피싱으로 사람들의 돈을 훔치고도 아무 죄의식도 없이 호화로운 삶을 사는 사기꾼이나, 죄를 짓고도 그것을 부하의 탓으로 돌리고 자기는 아무 책임도 지지 않는 정치인이나, 부하의 공적을 자신이 한 것으로 소개하는 부끄러움 없는 기업가 등도 있을지 모른다. 이는 악한 사람이 죄를 피한 경우이다.

이처럼 현실 세계에 윤리가 백 퍼센트 통용되지 않는 것을 우리는 경험적으로 알고 있다. 확실히 이 현세는 불합리한 것들이 가득 차 있는 사바세계娑婆世界 그 자체이다. '사바'란 산스크리트어 sahā의 음사로, '고통을 참고 견뎌야 하는 장소(=忍土)'를 의미한다. 사람들은 이런 사바세계의 현실 속에서 극심한 불공평함에 휩싸여 있다. 그리고 이런 모습은 고대 인도나 현대의 우리나라에서도 큰 차이가 없을 것이다.

이런 현실을 눈앞에서 목격하면 누구라도 노력할 필요가 없다는 허망함을 느낄 것이며, 무엇을 하더라도 세상은 바뀌지 않는다고 낙담할 것이다. 고대 인도에서 숙작인론·존우조론·무인무연론이라는 외도의 세 가지 가르침이 제창된 것도 어느 정도 수긍된다.

　태어나서 죽을 때까지가 인생의 전부라면, 이 불공평함은 절대로 해소될 수 없을 것이다. 그러나 전생과 사후를 전제로 하는 윤회를 인정한다면 어떨까? 이 불합리한 인생이 단번에 합리적으로 재편집되게 된다.

　미워하는 상대가 악업의 과보(고과)를 겪지 않은 채 죽더라도 사후에 가혹한 지옥의 고통이 기다리고 있고, 사랑하는 상대가 선업의 과보(낙과)를 받지 못한 채 죽더라도 사후에 감미로운 천상의 즐거움이 기다리고 있다고 생각한다면, 이 가혹한 현실에서도 살아갈 의미와 희망을 가질 수 있게 될 것이다.

　인간은 의미를 구하는 동물이다. 의미가 불명확한 것에 어떤 이유라도 붙이지 않으면 납득하지 못하는 것이 인간이다. 그 이유가 과학적인지 아닌지는 이 경우 문제가 되지 않는다. 그렇다면 어떻게 납득하도록 이유를 달 것인가? 임상심리학자인 아베〔阿部 1992: 53〕는 다음과 같이 설명한다.

　예를 들어 갑작스레 사고가 일어났다. 왜 이런 사고가 일어난 걸까? 이때 자연과학적인 설명은 매우 간단하다. "왜 내 애인이 죽은 건가?"라고 물을 경우, 자연과학에서는 "그것은 두개골 손상 때문입니다" 등으로 판단을 내리면 끝이다. 그러나 그 사람은 그런 것이 아니라 자신의 애인이 어째서 자신의 눈앞에서 죽게 된 건지 그걸 묻는 것이다. 그에 관해선 말을 만들 수밖에 없다. 즉 어떻게 받아들일 수 있도록 말할 것인가?

이처럼 납득할 수 있는 말, 즉 마음속에 받아들일 수 있는 말을 어떻게 만들까가 문제인 것이다. 신화가 그 기능을 맡아 온 것처럼, 업보윤회를 말하는 불교설화도 그와 같다. 우리의 상식을 넘어선 참사가 일어났을 때 그것에 대항할 수 있는 것은 과학이 아닌 종교일 것이다.

형이상학적 의론이 아니라, 고통과 직접 맞설 수 있는 붓다와 같은 인생에 통달한 사람이라면, 일반 사람들에게 그것이 비과학적인 것이라 할지라도 자신에게만은 의미를 지닌 주관적 사실로써의 말이 필요하게 된다. 이처럼 생각해 보면, 인생에 통달하지 못한 수많은 사람들에게 있어 업보윤회설은 냉혹한 현실을 어떻게든 살아가기 위해 필요불가결한 것이었다고 짐작된다.

윤회의 주체는?

교리적 배경과 현실적 요청으로 인해 당시 인도의 사회 통념이었던 윤회설을 불교도 받아들일 필요가 있었다고 생각되지만, 그렇게 되면 다음으로 문제가 되는 것이 윤회의 주체이다. 왜냐하면 불교는 '무아'를 설하기 때문이다. 무아를 설하는 불교에서 윤회의 주체란 무엇인가는 큰 문제이다.

우선, 불교가 부정하는 '아我', 즉 '아트만(ātman/attan)'의 의미를 살펴보겠다. 이것은 '상일주재常一主宰'라고도 하듯이, 항상 하는 단독적 존재이며 무언가를 지배하는 주체를 의미한다. 즉 변화하지 않는 영원의 실체를 지닌 존재이지만, 연기와 무상을 근본사상으로 하는 불교에서 보면 당연히 부정의 대상이 되기에 무아설로 인해 자아의 존재를 인정하지 않았다.

그러나 무아설에 따라 자아를 완전히 부정하게 되면, 이번에는 행위자의 책임 소재가 불분명하게 된다. 그래서 '오온가화합五蘊假和合'이라는 것을 만들어 임시의 존재로서만 '자아'의 존재를 용인하였다.

'오온'이란 생물을 구성하는 다섯 가지의 요소로서, 색(色, 육체), 수(受, 감수작용), 상(想, 표상작용), 행(行, 형성작용), 식(識, 의식)을 말한다(다른 해석도 있으나, 여기서는 생략하겠다). 색은 물질로서의 신체, 수·상·행은 마음의 움직임, 그리고 식은 마음 그 자체를 의미한다. 이것들이 화합하여 임시로 사람이라는 존재가 성립되지만, 그것은 명칭에 불과하고 실체는 없다고 여긴다. 『상응부』에 주목할 만한 내용이 있다.

> 예를 들어 부분을 (유기적으로) 합하여 '수레'라는 명칭이 되듯이, 인연에 의해 (다섯 가지) 온이 (유기적으로) 합해지면 '생명체'라는 명칭이 된다.(SN i 135.20-21)

무기설을 설하는 불교가 어떻게 윤회의 주체를 인정할까에 대해서는 현재뿐만이 아니라 고대 인도에서도 문제였는데, 여기서 다시금 『밀린다왕문경』(Mil. 25 ff.; 나카무라中村·하야시마早島[1963: 68 ff.])을 참고하여 이 문제에 대해 생각해 보겠다.

『밀린다왕문경』에서의 논의

이 경의 주인공인 나가세나 비구는 밀린다 왕이 "당신의 이름은?"이라고 묻자, "나가세나입니다"라고 대답한다. 그러나 그것은 이름에 불과하며 거기에 아트만(인격적 존재)은 존재하지 않는다고 한다. 그러자 왕은 "그렇다면, 보시를 받는 것은 누구인가? 그리고 보시를 받아 사용하는 것은 누구인가?"라고 반론한다.

더불어 "머리카락이 나가세나인가? 손톱이 나가세나인가? 아니면 치아·피부·살·장기·뼈 등을 뭉쳐놓은 것이 나가세나인가? 혹은 그것과는 별개로 나가세나가 존재하는 것인가?"라고 다그치며 반론했다.

이에 대해 나가세나는 수레의 몸체·바퀴·손잡이·굴레 등을 따로따로 떼어내면 수레라고 할 것이 없는 것과 같이, 신체의 각 부분을 따로따로 구별한 것은 나가세나가 아니라고 대답하며, 앞서 인용했던 『상응부』의 게송을 알려준다.

즉 오온이 유기적으로 합쳐짐으로써 아트만이 존재하지만, 그러나 그것은 오온이 임시로 합쳐진 결과물이며(오온가화합), 궁극적인 존재로서의 아트만은 존재하지 않는다는 것이 불교의 입장이다.

게다가 이 문제는 무아설이 윤회와 모순되는 것이 아닌가라는 테마로 이어지게 된다.(Mil. 40 ff.; 나카무라中村·하야시마早島[1963: 110 ff.]) 윤회하기 전의 존재와 윤회한 후의 존재는 같은가 다른가라는 문제가 밀린다 왕에 의해 제기된다. 이에 대한 나가세나의 대답을 단적으로 표현하면 '불일불이不一不異'가 되는데, 그는 두 개의 비유를 통해 이를 설명한다.

첫 번째는, 등불을 켜서 밤새도록 태울 경우, 이른 저녁의 불길과 저녁의 불길, 그리고 저녁의 불길과 늦은 저녁의 불길은 같은 것도 아니고 다른 것도 아니라고 설명한다. 다시 말해 불일불이라는 것이다. 다른 하나는, 우유가 발효되면 락(酪, 타락)이 되고, 락에서 생소(生酥, 요구르트), 그리고 생소에서 제호(醍醐, 기버터)가 되듯이, 우유와 락, 락과 생소, 생소와 제호는 같은 것이 아니지만 다른 것도 아니라고 한다. 불교가 말하는 아(我, 아트만)도 이와 같은 것이다.

이러한 설명에서 보면, 어제의 나와 오늘의 나, 오늘의 나와 내일의 나는 같은가 다른가? 만약 같다면 변하지 않기에 인간은 나이를 먹지 않을 것이며, 얼굴도 아기였을 때와 같을 것이다. 다르다면 두 존재의 얼굴이 매일 전혀 다르겠지만, 실제로는 그렇지 않다.

하루가 지나도 표면상으로 두 존재 사이에 어떤 변화도 없는 듯 보이지만, 세포 단위에서는 격한 신진대사와 더불어 변하고 있다. 또한 십 년 단위로 비교해 보면, 표면상(예를 들어 얼굴)으로도 큰 변화가 보이지만, 두 존재가 전혀 다른 것이 아니며 과거의 얼굴에 현재의 모습이, 현재의 얼굴에 과거의 모습이 담겨 있다.

즉 불교는 연기설을 설하기에, 어제의 나를 연으로 하여 오늘의 내가, 그리고 오늘의 나를 연으로 내일의 내가 생기하는 것이기에, 두 존재는 불일불이이며 '변화하며 상속(相續)한다'라는 것이 된다. 다시 말해, 연기설은 상주론(常住論, 두 존재가 완전히 동일하다)와 단멸론(斷滅論, 두 존재가 전혀 다르다)를 지양한 이론인 것이다.

어쨌든 이러한 설명으로 인해 '악업을 저지른 자'와 '그 형벌을 받는 자'를 별개로 간주하지 않고 책임의 소재를 명확하게 할 수 있게 되었다고 볼 수 있다.

중유中有

윤회를 전제로 교리를 체계화시키면 여러 문제가 생기게 되는데, 그중 하나가 '중유中有'이다. '중음中陰'이라고도 하는데, 우리나라에서 사람이 죽어 장례를 마친 후 다시 49일 동안 법요를 하는 것에 토대가 되는 개념이다.

 윤회한다고 해도, 어떤 상태에서 죽음과 동시에 다음의 상태(삶)로 다시 태어난다면, 다음과 같은 모순이 발생한다. 예를 들어 인간으로서 6시에 죽게 됨과 동시에 같은 6시에 축생으로 태어난다면, 같은 6시에 '죽음'과 '태어남'이 동시에 발생하는 서로 모순되는 일이 벌어지게 된다.

 그래서 설일체유부 등에서는 그 중간적 역할로써 중유라는 존재를 생각해 내지만 모든 부파에서 이것을 받아들이지는 않고, 남방상좌부는 '죽음과 동시에 다른 곳에 태어난다'는 입장을 취하기 때문에 중유의 존재를 인정하지 않는다.

 그럼 혼죠[本庄 2015: 166-171]의 연구를 통해 중유에 대해 설명하겠다. 유정有情은 윤회를 할 때 다음의 네 단계를 거치게 된다.

(1) 중유中有: 죽은 이후 다음 태어날 장소에 도달하기 직전까지의 상태(生存)
(2) 생유生有: 태어나는 순간의 상태
(3) 본유本有: 태어난 다음 순간부터 죽기 직전까지의 상태

⑷ 사유死有: 죽는 순간의 상태

즉 중유는 '금생의 존재'와 '내세의 존재'라고도 할 수 없는 '중간적 존재'의 상태로서 일반적으로 다음과 같은 특징을 가진다.

(1) 다음에 태어나려는 생존의 상태와 같은 모습을 갖는다. 예를 들어 다음에 개로 다시 태어난다면 중유도 개의 모습을, 인간이라면 인간의 모습을 갖는다.
(2) 매우 미세한 상태이기 때문에 같은 종류의 중유나 특수한 힘을 가진 존재에게만 보인다.
(3) 공중을 매우 빠르게 날아 이동하며, 붓다조차도 통제할 수 없고, 벽이나 어떤 것으로도 막을 수 없다. 모든 감각기관을 가지고 있고 향기(香)를 먹으며 살아간다.
(4) 어딘가로 태어날 곳이 결정된 중유는 도중에 그것을 바꿀 수 없다.
(5) 중유로서의 생은 매우 짧은데, 구체적으로는 최대 7일간이나 49일간, 혹은 정해져 있지 않다는 설도 있다.
(6) 중유가 모태에 들어가려 할 때, 중유가 남성이면 어머니에게 애착을 갖고, 아버지에게는 증오를 품는다. 그리고 어머니와 관계를 갖는 듯한 체감을 한다. 여성이면 그 반대이다.
(7) 중유의 평소 모습은 태어날 곳에 따라 다르다. 천은 똑바로 서서 위를 향하고, 지옥은 거꾸로 서서 아래로 떨어진다.

우리나라의 제사에서 '향을 반드시 피워야 한다'는 관습은 (3)의 '향기를 먹으며 살아간다'에서 유래한다. 그리고 (4)는 설일체유부의 정설이지만 '중유인 동안 태어날 장소가 바뀌는 경우도 있다'고 하는 부파도 있어, 7일마다 49재 법요를 하는 이론적 근거를 제공하고 있다. 『티벳 사자의 서』의 의례도 이것을 근거로 한다고 생각된다.

이처럼 윤회에 대해 부정적이었다고 여겨지는 붓다, 그리고 무아의 입장을 설하는 불교가 이후 윤회설을 받아들이게 되며, 그 모순은 당시 인도에서도 문제가 되어 윤회의 주체에 관한 끝없는 논의가 이어지게 된다. 이는 다음에 소개하는 앙굴리마라 설화에서도 확인된다.

3. 업사상의 변천 – 앙굴리마라 설화의 검토

문제의 소재

윤회부정에서 윤회긍정으로 변해가는 과정에서 불가피하게 큰 변화를 겪게 된 설화가 있다. 업을 주제로 하기에 착한 사람보다 악한 사람에 관한 것이 더 흥미가 간다. 게다가 이번 생에서 악인이었다가 착하게 바뀐 사람이라면 더욱 흥미가 생길 것이다. 그런 인물이 바로 '앙굴리마라'다.

극악무도한 살인마였던 앙굴리마라는 붓다의 수승한 방편에 의해 마음을 다잡고, 이후에 출가하여 아라한까지 된다. 이 설화는 업의 문제를 다룰 때 상당히 흥미로운 주제이며, 무엇보다 붓다가 직접 극악무도한 사람을 교화하였기에 불교 교조의 덕과 자비의 위대함을 논하는 데 이보다 좋은 예시가 없다.

그러나 반면, 이 설화는 이후 크나큰 문제를 일으키는 불씨가 된다. 이에 관해서는 히라오카〔平岡 2008〕에서 다룬 적이 있기에 그 내용을 요약하여 앙굴리마라 설화의 변천을 소개하겠다.

'악인이었던 앙굴리마라가 출가해 해탈하였다'라는 이야기가 인도 불교사의 어느 시점에 창작되었는지는 확정하기 어렵지만, 뒤에서 상세히 고찰하듯이 그것은 윤회사상 및 그것과 밀접한 관계가 있는 업보사상이 적극적으로 설해지지 않았던 시대였을 것이라고 추정되며, 그 시대에는 이 이야기가 그 정도까지 큰 문제는 아니었다.

그러나 시대가 지나 불교가 '업보윤회'를 적극적으로 받아들이는 시대가 되면 이 앙굴리마라 설화는 매우 안 좋은 이미지를 주는 문제가 된다. 윤회를 인정한 이후의 교학에 따르면, 악인인 앙굴리마라가 해탈했다는 것은 다시는 태어나지 않게 됐다는 것을 의미한다. 그렇게 되면 그가 출가하기 전에 저지른 수많은 악행의 악업과 과보는 어떻게 되는 것인가라는 문제가 생겨난다.

그가 해탈하지 않았다면 "죽은 뒤에 그는 지옥에 떨어져 상상조차 할 수 없는 고통을 받았다"라는 식의 설화를 만들어 문제를 해결할 수 있으나, 해탈하여 더 이상 윤회하지 않는다면 이야기가 상당히 복잡해진다.

업보윤회를 전제로 한다면 "그 정도의 살인마가 살인이라는 악업의 과보(악과)를 어디에서도 받지 않고 반열반했다"라는 말은 납득이 가지 않으며, 악인성불이라는 미담과는 다르게 업보의 불평등을 비롯해 인생의 불합리함이라는 문제를 일으키는 불씨가 되어 버린 것이다.

앙굴리마라 설화가 갖고 있는 이 문제의 불씨는 불교가 '업보윤회'를 받아들이는 방향으로 바뀌게 되며 큰 불길을 일으키게 되는데, 이에 대한 불전의 태도는 크게 두 가지로 나뉘게 된다.

하나는 이 큰 불길을 조용히 지켜보며 작은 언급에 그친 불전과, 다른 하나는 이 불을 가라앉히는 것에 온 힘을 쏟으며 크게 언급하고 나선 불전이다. 이것들의 구체적인 고찰에 앞서 우선 현존하는 가장 오래된 앙굴리마라 설화를 살펴보겠다.

앙굴리마라 설화의 원형

이것은 『장로게』(Th.866-891)에 설해진 내용으로 전부 운문 형식으로 되어 있어, 그 내용이 상상에 의한 것도 있고, 구체적인 내용 파악이 어려운 것도 있지만, 대략 다음과 같이 정리할 수 있다.

- 붓다의 교화로 인해 그가 살인을 그치고, 출가한다.(866-870)
- 이전에 악한 짓을 저지른 자라도, 그 이후 노력하면 세상을 밝히는 존재가 된다.(871-873)
- 자신의 적에 대한 호소와 불살생의 결의를 표명.(874-876)
- 한때 가해자였던 그가 붓다에게 교화되어 불살생자가 되고, 붓다에 귀의하여, 해탈자가 되었다.(877-882)
- 방일에 대한 훈계.(883-884)
- 나는 열반에 이르렀고, 삼명을 얻었다.(885-886)
- 예전에는 불안에 떨었으나, 지금 나는 붓다의 제자로서 행복하게 살아가고 있다.(887-889)

· 나는 집착을 떠나서, 번뇌를 멸하고, 해탈했다.(890-891)

여기서는 붓다와의 만남이 계기가 되어 앙굴리마라가 살생을 그치고 출가해 해탈하였다는 내용만이 나오고, 살생이라는 악업의 고과에 대한 설명은 빠져 있다. 필시 앙굴리마라 설화의 원형은 "악인 앙굴리마라는 출가하여 수행을 쌓아 해탈하였고, 출가 전의 악업에 대한 과보(고과)를 받지 않고 죽었다"는 정도의 내용이었을 것이라고 짐작된다.

작은 언급에 그친 설화

이 설화에 어떤 의미가 담겨 있는 것일까? 우선은 작은 언급에 그친 예를 소개하겠다. 『법구경주法句經注』는 고과를 의식하면서도 그것에 대해 언급하지 않는다.

> 장로(앙굴리마라)는 스승의 곁에서 출가하여 아라한의 성품을 획득했다. 그때 도반 앙굴리마라는 홀로 머물며 앉아 해탈의 즐거움을 느끼고 있었다. 그때 그는 감흥을 시로 나타냈다. "한때 방일에 빠져 있던 자라도 이후 방일을 벗어난다면, 구름을 벗어난 달과 같이 이 세상을 밝힐 것이다."
> 이런 식으로 감흥의 시를 나타내니, 그는 남김 없는 열반계로 반열반하였다. 비구들이 "여러분, 장로는 대체 어느 곳에 다시 태어나게 된 것입니까?"라고 법당에서 이야기했다. (그곳에) 스승이 오셔서 "비구들이여, 지금 그대들은 무슨 주제와 의미에

대해 이야기하고 있었는가?"라고 묻자, "대덕이시여, 장로 앙굴리마라의 윤회의 장소에 대해 이야기하고 있었습니다"라고 대답했다. "비구들이여, 내 제자(앙굴리마라)는 반열반하였느니라"라고 스승이 답하자, "대덕이시여, 그렇게나 많은 사람을 죽였는데도 그가 반열반을 한 것입니까!"라고 했다. "비구들이여, 물론이다. 이전에 그가 단 한 명의 선지식도 만나지 못해 그 정도의 악행을 저질렀으나, 이후 선지식의 도움을 받아 그는 방일을 벗어난 존재가 되었다. 그의 악업은 그 선업에 의해 봉인된 것이다"라고 하며, 다음의 게송을 말씀하셨다.

"(한때) 악업을 저지른 사람일지라도, (그 후에) 선으로 봉인한 사람은 구름을 벗어난 달과 같이 이 세상을 밝히게 된다."(Dhp-a. iii 169.16-170.11)

여기서는 악업을 저질렀어도 그 고과를 받지 않는 경우가 있다는 것, 즉 선으로 그것을 없앨 수 있다는 점을 붓다가 담담하게 대답해 주는 내용으로 되어 있다. 다만 여기서 주의해야 할 것은, 비구들의 질문에 나타난 것처럼 불멸 후의 어느 시기부터 업의 과보에 대한 필연성이 문제시되고 있었다는 점이다.

밑줄 친 부분은 '악인이었던 앙굴리마라가 반열반한 것'에 비구들이 놀랐다기 보다는, 그 직전에 그의 죽음 이후의 윤회에 대해 이야기하고 있었다는 것에서도 알 수 있듯이, '악인이었던 앙굴리마라가 고과도 받지 않은 채 반열반한 것'에 놀란 것이다.

그렇기에 붓다가 마지막에 악업을 선업으로 없앨 수 있다는 내용의 게송을 설한 것에 의미가 있다. 본 문헌의 성립은 『장로게』의 성립보다 한참 뒤이지만 업보에 관한 기본자세는 『장로게』와 동일하며, 이 문제를 의식하면서도 이 이상의 언급은 하고 있지 않다.

크게 언급하고 나선 설화

『중부』의 「앙굴리마라경」은 『장로게』의 게송을 토대로 그 내용을 산문으로 부연하는 형식을 취한다. 우선 내용을 주제별로 정리하면 다음과 같다.

- 붓다가 앙굴리마라를 신통력으로 교화한다.
- 붓다의 곁에서 출가한 앙굴리마라를 구속해달라는 사람들의 간청을 받은 파세나디왕이 붓다를 찾아가지만, 붓다가 앙굴리마라를 훌륭하게 교화시킨 모습을 보고 되돌아온다.
- 붓다의 조언을 들은 앙굴리마라는 난산으로 고통받는 산모를 찾아가 "출가한 뒤로는 어떠한 살생도 하지 않는다"고 진심을 담아 말하고, 산모와 아이를 구한다.
- 그 후 수행에 전념해 아라한이 된 앙굴리마라가 탁발을 나가자, 사람들이 던진 흙과 돌과 막대기에 맞았고 몸에 상처가 났다. 붓다는 그를 보고 위로의 말을 건넸다.

이 중 마지막 내용이 크게 언급되는 부분이다. 즉 사람들이 던진 흙·돌·막대기에 앙굴리마라가 맞아 머리가 찢어지는 등의 큰 상처를 입게 된 것이다. 이 부분의 원문은 다음과 같다.

그때 다른 사람이 던진 흙이 도반 앙굴리마라의 몸에 맞았다. 그리고 다른 사람이 던진 막대기가 도반 앙굴리마라의 몸에 맞았다. 또한 다른 사람이 던진 돌맹이가 도반 앙굴리마라의 몸에 맞았다. 그때 도반 앙굴리마라는 머리가 찢어져 피가 났으며, 발우가 깨지고, 가사가 찢어진 채 세존의 곁에 다가갔다.(MN ii 104-4-11)

그리고 그것을 위로하는 붓다의 말은 다음과 같다.

「바라문이여, 그대는 견뎌야 한다. 바라문이여, 그대는 견뎌야 한다. 바라문이여, 수 년·수백 년·수천 년 동안 그대는 지옥에서 고통 받아야 하는 업의 이숙異熟을 현세에서 받고 있는 것이다.」
(MN ii 104.13-17)

이 부분이야말로 업보윤회와 과보의 불가피성이 어긋난 것을 할 수 있는 데까지 메우기 위한 눈물겨운 노력의 결과물이다. 머리에 큰 상처를 입었다고 해서 그것이 지옥에서 수천 년 동안 고통받아야 하는 고과와 같은 것으로 보는 것은 무리가 있다.

그러나 아라한이 되어 더 이상 윤회하지 않는 이상, 이 정도의 내용이 한계였을 것이다. 이 문제를 처음으로 논한 에노모토〔榎本 1989: 9〕는, 이를 '업의 선취先取'라고 표현하는데, '업과의 선취'라고 하는 편이 정확한 듯하다.

이외에도 『현우경賢愚經』은 앙굴리마라가 지옥의 불에 타버렸다는 이야기를 창작하여, 그가 고통을 받았다는 것을 설명한다. '돌이나 막대기에 맞았다'보다는 '지옥의 불에 타버렸다'는 편이 살인이라는 악업의 고과에 어울리지만, 그러나 그렇게 되면 이번에는 반대로 현실과 동떨어져 리얼리티가 사라지는 결과가 되어 버린다.

어떤 내용이든 아라한이 되어 윤회가 사라진다 해도 이 현세에서 악업을 청산하지 않으면 안 되었기에, 그 결과 '돌이나 막대기에 맞았다'든가 '지옥의 불에 타버렸다'는 이야기가 창작되었다고 생각된다.

제3장 전통불교의 업사상-각론

1. A군群(어떤 업을)

① 선업/악업

팔정도와 칠각지

업에서 가장 문제가 되는 것이 '선악'일 것이다. 업의 원칙을 설명할 때, 결과로서 고통을 가져오는 업은 악, 즐거움을 가져오는 업은 선이라 하듯이, 결과로 업의 선악을 판단하는 것이 불교에서 선악 기준의 기본이라고 지적했다.

그러나 출가수행자 및 재가신자가 폐악수선의 수행을 닦으려 하는데 '행동해 보지 않으면 선업악업을 판단할 수 없다'는 것은 불친절한 설명이 될 것이고, 수행의 실천목표로 선업을 두려 한다면 구체적인 항목을 명시하지 않으면 안 된다. 그래서 다양한 선업과 악업이 '선'으로서 열거되게 된다.

몇 가지 체계가 있는데, 우선 팔정도(八正道, 여덟 가지 바른 실천의 길)를 들 수 있다. 왜냐하면 붓다가 성도 후 처음으로 하신 설법의 내용이 중도中道이고, 그 구체적 내용이 팔정도였기 때문이다.

그 내용은 다음과 같다.

(1) 정견正見: 바른 견해

(2) 정사유正思惟: 바른 사유(사고)

(3) 정어正語: 바른 언어행위

(4) 정업正業: 바른 신체적 행위

(5) 정명正命: 바른 생활

(6) 정정진正精進: 바른 노력

(7) 정념正念: 바른 기억(수행의 이상적 목표를 잊지 않는 것)

(8) 정정正定: 바른 선정(정신집중)

팔정도는 무루업無漏業(후술)으로 분류되는데, 같은 무루업의 칠각지七覺支에 대해서도 해탈에 포함시키고 있다. 칠각지(깨달음으로 이끄는 일곱 가지 항목)는 다음과 같다.

(1) 택법각지擇法覺支: 가르침 중에서 진실된 것을 고르고, 거짓된 것을 버린다.

(2) 정진각지精進覺支: 수행에 노력한다.

(3) 희각지喜覺支: 진실된 가르침을 실천하여 환희에 빠진다.

(4) 경안각지輕安覺支: 몸과 마음을 가볍고 쾌적하게 한다.

(5) 사각지捨覺支: 대상에 대한 집착을 버린다.
(6) 정각지定覺支: 마음을 집중하여 안정된다.
(7) 염각지念覺支: 생각을 안정되고 평안하게 한다.

십(불)선업도

전통불교에 있어 선악업이라는 관점에서 체계적으로 설명된 업론은 '십선업도十善業道' 혹은 '십불선업도十不善業道'일 것이다. 그 명칭에 '선(kuśala/kusala)'과 '불선(akuśala/akusala)'과 '업(karman/kamma)'이라는 용어가 사용되고 있기 때문이다. 십불선업도의 내용은 다음과 같다.

신업身業 3가지
(1) 살생殺生: 생물의 목숨을 빼앗는 것
(2) 투도偸盜: 다른 사람의 것을 훔치는 것
(3) 사음邪婬: 불륜행위(삿된 남녀관계)

구업口業 4가지
(4) 악구惡口: 사람에게 상처 주는 폭언 등을 하는 것
(5) 망어妄語: 거짓말을 하는 것
(6) 양설兩舌: 서로 다른 말을 해서 사이를 안 좋게 만드는 것
(7) 기어綺語: 불필요한 말을 하는 것

의업意業 3가지
(8) 탐욕貪欲: 다른 사람의 재산 등을 가지려 하는 것
(9) 진애瞋恚: 생물에게 상처 주려고 하는 강한 의지를 갖는 것

⑽ 사견邪見: 인과의 도리를 완전히 부정하는 것

(신업·구업·의업에 대해서는 후설)

그리고 이것과 반대되는 내용이 그대로 십선업도이다. 그럼 이것과 관련하여 오계五戒에 대해서도 언급해 두겠다. '계율戒律'이라는 표현이 있으나, 본래는 '계(śīla/sīla)'와 '율(vinaya)'은 다른 것으로, 계는 도덕, 율은 법률에 가깝다. 이 둘이 무엇이 다른가 하면, 위반했을 경우 처벌이 있는가 없는가다. 계는 도덕에 가깝기에 그것을 위반했어도 처벌이 없지만, 율은 법률이기에 위반을 하면 그에 따른 처벌이 적용된다.

십선업도의 불살생에서 불망어까지의 다섯 가지 중 불악구를 빼고 불음주不飮酒를 더해 오계라고 한다. 이는 재가자에게 있어 하루하루 지켜나가야 하는 수행목표이며, 또한 출가자에게도 깨달음을 이루기 위한 실천덕목으로 여겨진다. 재가자는 오계를 어겨도 처벌받지 않지만, 출가자는 불음주를 제외한 네 가지를 어겼을 경우 환속(還俗, 승려 자격의 상실)이라는 가장 무거운 처벌을 받게 된다.

그리고 이 오계를 발전시켜 재가자가 실천해야 하는 계로서 팔계八戒가 있다. 이는 오계에 다음의 세 가지를 더한 것이다.

⑴ 불비시식계不非時食戒: 정오 이후(때 아닌 시간)에 식사를 하지 않는다.
⑵ 불가무관청계不歌舞觀聽戒: 가무와 노래를 보거나 듣지 않고, 장신구를 몸에 하지 않는다.

(3) 불용고상대상계不用高床大床戒: 비싸고 높고 큰 침상을 쓰지 않는다.

이것은 재일齋日에 지키는 계로 팔재계八齋戒라고도 한다. 날을 정해 매월 여섯 번(1일, 8일, 14일, 15일, 23일, 30일), 또는 네 번(1일, 8일, 15일, 23일) 재가자도 조금이나마 출가자에 가까운 금욕생활을 실천하기 위한 계이다.

오역죄

그리고 극악한 업인 '오역죄五逆罪'라는 것이 있다. 대승경전인 『무량수경』에서 염불왕생의 근거가 된 법장비구의 제18원에 "십념十念을 한다면 왕생을 할 수 있으나, 오역죄를 저지른 사람과 정법(대승)을 비방하는 사람은 제외된다"고 하여, 아미타불의 본원에서도 제외될 정도로 악업으로 여겨지는데, 다음의 다섯 가지이다.

(1) 아버지를 죽인 것
(2) 어머니를 죽인 것
(3) 아라한을 죽인 것
(4) 악한 마음을 품고 부처의 몸에 피를 낸 것
(5) 교단을 분열시킨 것(파승破僧)

이처럼 열거된 내용을 보면, 처음 세 가지는 앞서 소개한 다르마루치의 교설과 관계가 있는 것이며, 뒤의 두 가지는 데바닷다와 관련된 것이다. '악심을 품고 부처의 몸에 피를 낸 것'은 앞선 내용에서 확인한 것이며, 파승도 데바닷다가 저지른 소행으로 유명하다. 그러나 어떤 이유에서 이 다섯 가지 항목이 오역죄로 구분된 것인지는 불분명하다. 하지만 이 악업을 저지르면 무간지옥에 떨어지기에 '오무간업五無間業'이라고도 불린다.

보살의 계가 된 십선업도

십선업도는 전통불교에서는 계로 취급되지 않고 선업을 실천하기 위한 덕목으로 여겨졌으나, 대승불교는 이 십선업도를 '업의 입장'이 아닌 '계의 입장'에서 설명한다. 이는 대승불교의 기원과도 관련된 것으로, 본 장과는 다른 내용이지만 잠깐 소개하도록 하겠다.

대승불교의 기원 및 대승경전의 성립에 대해서는 아직까지도 불명확한 점이 많다. 일찍이 대승불교는 출가자가 아닌 재가자에 의해 생겨났다는 학설을 히라카와 아키라[平川彰 1989b, 1990]가 주장했다. 이후 그의 학설은 히라카와설이라 불리며 오랫동안 학회를 풍미하였으나, 최근에는 히라카와설에 반론을 주장하며 다시금 출가자와의 관계에서 그 탄생을 논하는 학설이 나오고 있다.

히라카와가 대승불교의 재가기원설을 주장하던 근거의 하나로 이 십선업도를 들었다. 그에 따르면, 전통불교에서 출가자(성문)가 지녀야 하는 계율은 바라제목차波羅提木叉(후설)였으나, 대승불교는 이를 부정하며 그것을 대신하는 것으로 십선업도를 보살의 십선계로 사용하게 되었다고 한다.

대승경전인 『유마경』을 살펴보면, 재가의 거사인 유마가 문수보살을 비롯한 붓다의 오랜 제자들을 차례차례 논파하는데, 확실히 대승불교에서 출가자보다 재가자를 우위에 두고 있다는 인상을 받게 된다. 그러나 대승경전에도 출가의 보살이 등장하며, 또한 출가자의 계율인 바라제목차을 지켜야 한다는 내용도 존재한다.

일본에서 히라카와설에 반론을 제기한 사사키[佐々木 2000]는, 이 모순을 다음과 같은 논법으로 해결하려 했다. 대승불교의 특징은 깨달음에 관해 출가자와 재가자 사이의 차이를 인정하지 않는 것에 있는데, 히라카와가 주장하듯 대승의 보살이 재가자라면 그들은 재가자의 계율인 오계나 팔계를 사용했어야 하나, 실제로는 그렇지 않았다.

전통불교에서는 계가 아니었던 십선업도가 대승에서 새로운 보살의 계로 취급된 것은, 보살이 '재가/출가'를 구분하지 않는 새로운 형태로 존재했기 때문이며, 그러한 혼재된 상태였기에 양자를 통괄하기 위한 계로써 도입된 십선계가 '보살의 계'로 여겨진 것은 당연한 것이라고 설명한다.

그리고 대승경전의 성립에 대해서도, 전통불교의 연장선상에서 연구가 이루어졌다. 예를 들어 『대반열반경』의 시모다[下田 1997], 『욱가장자소문경郁伽長者所問經』의 Nattier[2003], 『법화경』의 히라오카[平岡 2012], 또한 불전의 재해석이라는 관점에서 포괄적으로 대승경전을 고찰한 히라오카[平岡 2015] 등이 있는데, 참고하길 바란다.

마지막으로, 선악업에 관련해 '무기업無記業'에 대해서도 살펴보겠다. 이것은 선업도 악업도 아닌 행위로서, 고락이라는 결과를 일으키지 않는 것을 가리킨다. 예를 들어 '걷는다', '손을 든다', '앉는다'

등의 행위이다. 이것들은 선악과 관계없이, 그냥 행동해도 고락의 결과를 만들지 않는다.

② 흑업/백업
논서의 설명

앞서 설명한 '선업/악업'을 '흑/백'의 색으로 바꿔 흑업黑業·백업白業·흑백업·비흑비백업이라는 네 종류로 나누기도 한다. 흑업이 악업이고, 백업이 선업에 해당되는 것은 알겠으나, 흑백업이나 비흑비백업이란 어떤 업을 말하는 것인가? 이 네 종류의 분류는 초기경전에 나타나 있는데, 특히 전통불교에서도 설일체유부라는 부파가 강조하는 업이기에 〈구사론〉의 내용을 참고해 그 의미를 확인하겠다.

> 흑백 등의 구별에 따라 업은 네 종류가 된다.
> 검은 업으로 검은 이숙을 갖는 것도 있고, 흰 업으로 흰 이숙을 갖는 것도 있고, 검고 흰 업으로 검고 흰 이숙을 갖는 것도 있으며, 검지 않고 희지 않은 업으로 이숙하지 않고 업의 멸진을 위해 작용하는 업도 있다고 한다. 그중에서,
> 불선한 (업)과 색(계)와 욕(계)에서 얻을 수 있는 선한 (업)이, 순서에 따라 흑(업)과 백(업)과 그 두 가지 업, 그리고 그것들(의 업)을 멸진하기 위한 무루(업)이다. (AKBh 234.26-235.5)

이 내용에서 나오는 '이숙異熟'이란, 시간이 지나거나 세상을 달리하는 다른 시기에 무르익은 행위의 결과, 다시 말해 선악의 업이 불러일으

킨 결과로서, 이를 정리하면 다음과 같다.

(1) 흑업: 불선(악)인 업
(2) 백업: 색계에서 얻어지는 업
(3) 흑백업: 욕계에서 얻어지는 선업
(4) 비흑비백업: 업의 멸진을 위해 작용하는 무루업

이에 따르면, 문제의 흑백업이란 '욕계에서 얻어지는 선업'을 의미하고, 또한 검고 흰 이숙(고와 락)을 지닌 것이라 하며, 비흑비백업은 깨달음을 가져오는 업으로 여겨진다. 그리고 이어지는 〈구사론〉의 내용에서는 흑백업을 다음과 같이 설명한다.

> 욕계에 관한 선업은 흑백이다. 불선이 섞여 있기 때문이고, 흑백의 이숙을 지닌 것이다. (바람직하지 않은) 이숙이 섞여 있기 때문이다. 이것은 (유정의 생애에 걸친) 상속으로 인해 생겨난 것이지 자성에 의한 것이 아니다. 왜냐하면, 하나의 업, 혹은 (하나의) 이숙이 있어, 그것이 흑이기도 백이기도 한 것처럼, 그러한 종류에 속하는 것이 아니기 때문이다. 서로 모순되기 때문이다.
> 〔질문〕 또한 불선(=악)의 업에 대해서도, 똑같이 선이 섞여 있기에, 흑백이라는 것이 되는 게 아닌가? 〔대답〕 불선이 반드시 선과 섞여 있다고 할 수 없다. 욕계에서는 그것(불선)의 힘이 강하기 때문이다. 반면 선은 (불선과) 섞인다. 힘이 약하기 때문

이다.(AKBh 253.10-15)

흑백업이라 해도, 업의 '자성(성질)'이라는 점에서 하나의 업이나 하나의 이숙에 '흑백'이라는 두 가지 모순된 자성이 존재한다는 것이 아니라, 각각의 상속에 의해 흑백이 존재한다. 즉 그가 과거에 행한 흑업과 백업의 이숙이 유정의 신체에 시간을 달리하여 각각 달리 현현顯現하는 것이라고 지적하고 있다. 이를 야쇼미트라(Yaśomitra) 의 주석서에서는 다음과 같이 설명한다.

> "이것은 (유정의 생애에 걸친) 상속에 의해 생겨났다"란-【해설】 선(업의 이숙)과 불선(업의 이숙)이 (따로따로) 나타나기에, 선과 불선이 섞여 있는 것이다.
> "서로 모순되기 때문이다"란-【해설】 선은 불선과, 불선은 선과 모순되기에 (같은 것에) 두 개의 체성體性이 있는 것은 이치에 맞지 않는다.(AKV 397.31-398.1)

즉 '흑백업'이라고 하는 경우, 그것은 하나의 업이 선·불선, 혹은 하나의 이숙이 고·락이라는 두 개의 다른 성질을 자성으로서 지닌 것이 아니라, 유정의 심신의 상속에 의해 흑백의 이숙으로서의 고락과, 흑업의 이숙으로서의 고락이 따로따로 나타난다는 의미로 '흑백업'을 정의하고 있는 것이다.

이 '흑백업의 이숙이 각각 별개로 나타난다'는 것이, 앞서 지적한 업의 불상쇄성이다. 즉 선업(백업)과 악업(흑업)은 상쇄하지 않고,

그 결과를 각각 따로따로 받지 않으면 안 되는 것이다.

설화에서의 구체적 예

다음으로 이러한 내용이 실제 설화에서는 어떻게 반영되어 있는지 그 구체적 예를 살펴보겠다. 『디브야바다나』에는 총 37개의 설화가 수록되어 있는데, 그 대부분이 업보설화이고, 그 업보설화의 대부분이 지금 여기서 문제시하고 있는 흑백업을 테마로 하고 있다.

선업(백)을 행하여 낙과가 생기고, 악업(흑)을 행하여 고과가 생긴다는 것만 설명한다면 설화로서 재미가 없다. 이는 너무나 당연한 것이기 때문이다. 우리의 현실을 살펴봐도 선업이나 악업만을 쌓고 인생을 마치는 사람이란 존재하지 않는다.

나쁜 일도 저지르지만 때로는 좋은 일도 하며, 흑업과 백업이 뒤섞여 살아가는 것이 현실이다. 그렇다면 그러한 행위는 무엇이 '과로서 맺어지는가(이숙)'가 사람들의 관심사가 될 것이다.

여기서 몇 가지 설화의 내용을 간략하게 소개하겠다.

제13장(히라오카[平岡 2007a: 302-351])에서는, 주인공인 장자 스바가타가 과거세에 독각(獨覺, 깨달음을 얻은 성자)에게 악한 일을 저질렀으나(악업), 이후 그것을 반성하고 독각을 공양했다(선업)는 과거 이야기가 나온다. 그 결과 그는 오백 생 동안 거지로 태어났지만(고과), 마지막 생에서 유복한 집에 태어나(낙과), 그것이 기연이 되어 출가하여 아라한이 된다.

제27장(히라오카[2007b: 110-175])에서는, 아쇼카왕의 아들인 쿠나라(Kuṇāla)의 설화가 나온다. 과거 사냥꾼이었던 때에 그는 오백

마리 사슴을 죽였다(악업). 그러나 한편으로 그는 무너져 버린 석탑을 보수하는 서원을 세웠다(선업). 그 과보로 그는 오백 생 동안 눈이 도려내어지게 되었으나(고과), 이번 생에서는 고귀한 집안에서 태어나 용모도 출중하고 진리를 깨닫는다(낙과).

마지막으로 제36장(히라오카〔2007b: 398-465〕)에서는, 어느 왕비의 설화가 나온다. 그녀는 과거세에 브라흐마닷타(Brahmadatta)왕의 후궁이었던 때, 독각이 살고 있던 암자를 불태우며 즐거워했다(악업). 독각은 그녀를 가엾게 여겨 모습을 나타내자, 그 모습을 본 그녀는 참회하고 독각에게 공양을 올리겠다는 서원을 세웠다(선업). 그 업의 과보로 많은 생 동안 지옥에서 불탔으며, 이번 생에도 불에 타버리게 된다(고과). 한편 그는 진리를 깨달아 불타 죽은 뒤에 천계에 다시 태어나게 된다.

여기서 거론한 설화 이상으로 흑업과 백업의 불상쇄성을 잘 나타낸 것이 앞서 제2장 제1절 '업의 불상쇄성'에서 소개한 『디브야바다나』 제1장의 내용이다. 이것은 현세에서의 낮과 밤에 과거세의 흑업과 백업의 과보가 서로 바뀌어 출현한다는 구성으로 되어 있고, 매우 이해하기 쉬운 내용으로 되어 있다.

흑백업의 정형적 표현

『디브야바다나』에는 많은 업보설화가 설해지고 있는데, 그 기본적인 패턴은 우선 현재 이야기에서 주인공의 고과와 낙과를 테마로 하는 이야기가 나오고, 현재 이야기의 마지막에 그 주인공의 고과와 낙과에 대해 의문을 가진 비구들이 붓다에게 그 이유를 물으면, 붓다는 그 고과와 낙과를 설명하기 위한 과거 이야기를 말한다. 그리고 설화의 끝부분에서 과거의 업과 현재의 과보가 이어지는 내용으로 마친다.

이 중 현재 이야기의 마지막에 과거 이야기가 등장하는 부분에 정형적 표현이 나오는데, 그 내용을 소개하겠다. 예를 들어 제2장에서는 비구들의 의문을 들은 붓다가 다음과 같이 답한다.

「비구 부루나에 의해 행해지고 쌓인 업은, 자량을 얻고 기연이 숙성되면 거친 물줄기와 같이 밀어닥쳐 오기에 피할 수조차 없다. 비구들이여, 행하고 쌓여진 업은 외부의 지·수·화·풍계에서 숙성되는 것이 아니다. 그렇지 않고 행해지고 쌓인 업은 선이든 악이든 감각이 있는 (오)온·(12)처·(18)계에서만 숙성되는 것이다.
몇 백 겁이 지나더라도 업은 사라지지 않는다. (인연)화합과 시기를 얻으면 반드시 그 몸에 과를 갖는다.」(Divy. 54.1-10; cf. 히라오카[平岡 2007a: 93])

그리고 설화의 마지막 부분에서 붓다는 다음과 같은 정형적 표현을 설한다.

「완전히 검은 업에는 완전히 검은 이숙이 있고, 완전히 흰 (업)에는 완전히 흰 (이숙)이 있으며, (흑백) 한 쌍의 업에는 (흑백) 쌍의 (이숙)이 있다. 그렇기에 비구들이여, 이런 경우 완전히 검은 업과 (흑백) 쌍의 (업을) 버리고, 완전히 흰 업에만 마음을 두어야 한다. 이처럼 비구들이여, 그대들은 배우고 알아야 한다.」(Divy. 55.9-13; cf. 히라오카〔2007a: 94〕)

흑백업이 설해진 배경

다음으로 '어째서 흑업이나 백업이 아닌, 흑백업을 강조해야 했는가?'에 대해 생각해 보겠다. 여기서 다시금 흑백업의 특징에 주목해야 한다. 흑백업에서 강조되고 있는 것은 흑업과 백업이 상쇄하는 관계가 아니라는 점이다.

실제로 이런 생각은 설화에 반영되어 있는데, 여기서 어떤 흑업도 인정하지 않는다는 점이 중요하다. 만약 양자가 상쇄되어 버린다면, 비록 흑업을 쌓았다 하더라도 그것을 보완할 만큼의 백업을 쌓으면 그 흑업이 상쇄되어 사라져 버리고, 결과로서 흑업을 인정하게 되기 때문이다.

그러나 양자가 상쇄되지 않는다고 한다면, 적은 흑업을 쌓은 뒤에 아무리 많은 백업을 쌓더라도 그 흑업은 사라지지 않고 흑업의 과보는 고과로, 백업의 과보는 낙과로 각각 따로따로 받아야만 하는 것이 되기 때문에, 폐악수선의 입장에서는 이쪽이 업보설화로서 효과적이다.

'흑업에 의해 고과를 겪는다', '백업에 의해 낙과를 즐긴다'는 것은 지극히 상식적이지만, 문제는 '흑업과 백업 둘 다를 쌓은 경우, 그 과보는 어떻게 되는 것인가?'이다. 당시 불교도의 관심도 이 점을 수렴하고 있었다고 생각된다.

그렇기에 흑백업에 관한 설화가 많이 만들어졌으며, 흑백과 백업이

상쇄하지 않는 것을 강조할 필요가 있었고, 그 때문에 흑업만이나 백업만이 아닌 흑백업이 중요한 테마로 등장하게 된 것이라 추정된다. 양자가 상쇄하지 않는 관계인 이상, 흑업은 물론 흑백업도 버리지 않으면 안 된다.

이렇게 이해하면, 정형구에서 강조되는 "완전히 검은 업과 (흑백) 쌍의 (업)을 버리고, 완전히 흰 업에만 마음을 두어야 한다"는 내용이 설화의 결론으로 끝부분에 놓이게 된 것도 납득이 간다.

그럼 어째서 '흑업과 백업이 상쇄하지 않는다'는 것을 과도하게 강조할 필요가 있었던 것일까? 이는 '흑백업을 주제로 한 업보설화가 많이 만들어지게 된 배경은 무엇인가?'라는 문제이기도 하다. 이에 대해 히라카와〔平川 1989a: 122〕는 다음과 같이 지적한다.

「이것은 시대가 지남에 따라 율의 규범이 흐트러지기 시작한 것과 더불어 생각할 필요가 있다. 원시교단의 초기에 계율의 규범은 '붓다가 제정한 규칙이기에 바꿔서는 안 된다'라는 것만으로도 충분히 그 권위를 인정받았다. 그러나 후세가 되며 율의가 점차 흐트러지기 시작하며, 업보의 비유를 통해 계율의 객관성을 갖추려고 했던 것이라고 생각된다.」(요약)

그렇다면 이러한 업보설화가 만들어지게 된 배경에 그만큼 심각한 계율의 문란이 있었을 것이라 여겨지는데, 이는 출가자뿐만이 아니라 재가자에도 마찬가지였을 것으로 추측된다.

계율의 문란

정확히 어느 단계였는지는 단정할 수 없지만, 출가와 재가의 구분 없이 시대가 지남에 따라 계율이 흐트러졌고, 그것을 막기 위한 의미에서 업보설화가 만들어지게 되었다고 추측되는데, 그것을 방증하는 용례를 소개하겠다.

그것은 '잡쇄계雜碎戒를 가볍게 여긴다'는 업의 과보다. 이 잡쇄계가 실제로 어떤 내용의 계를 가리키는지에 대해서는 불분명하지만, 히라카와[平川 1995: 136]는 "여하튼 잡쇄계란 미세한 계이고, 중죄는 아니라는 의미"라고 한다.

붓다는 입멸을 앞두고 아난다에게 "만약 원한다면, 승가는 잡쇄계를 버려도 된다"(Vin. ii 287.30-32)고 유언을 남긴 것이 『빨리율장』에 전승되고 있는데, 이 내용은 전통불교 초기의 잡쇄계의 성격을 잘 전하고 있다고 생각된다.

그럼 설화문헌에 이 잡쇄계를 가벼이 여기거나 어긴 악업이 어떤 과보를 불러오는 모습으로 묘사되고 있는지를 히라오카[平岡 2002: 241]에서 살펴보면 총 4개의 예가 확인되는데, 전부 축생으로 태어나는 고과를 받게 되며 제법 심각한 내용으로 되어 있다.

그 정도로 중죄는 아니라고 여겨지는 계를 어겼어도 상당한 고과를 겪어야 한다는 것을 강조하고 있다는 점에서 생각해 보면, 이 설화들은 앞서 히라카와가 지적한 '계율의 문란'에 관해 당시의 출가자들이 상당히 예민해져 있었다는 사실을 반영하고 있는 것이라고 생각된다.

그리고 흑백업 중 흑업에 대해 비구가 폭언을 내뱉는 내용도 적지 않게 등장하고, 또한 『디브야바다나』 제23~25장(히라오카[2007b:

1-50])에서는, 비구 상가라쿠시타(saṃgharakṣita)가 지옥에서 만났던 이들이 실은 정등각자인 카사파의 제자로, 그때의 악업에 의해 여러 고통을 겪게 된 것을 설명하는 등, 비구가 저지른 악행을 소재로 한 설화가 적지 않다.

이러한 정황을 포함해 종합적으로 판단해 보면, 흑백업을 내용으로 하는 업보설화는 이러한 출가자의 계율의 문란을 배경으로 하여 성립된 것으로 볼 수 있다. 출가자의 정황이 그렇다면, 재가자의 정황도 살펴봐야 한다.

③ 유루업/무루업
'루漏'란 무엇인가?

마지막으로, 유루업有漏業과 무루업無漏業을 살펴보며 A군(어떤 업을)에 대한 정리를 하겠다. 먼저 '루(漏 āsrava)'에 관해 설명하겠는데, 이것은 '번뇌'의 또 다른 이름이다. 따라서 '유루'란 '번뇌를 가진', '무루'란 '번뇌가 없는'이라는 의미가 된다. '루'는 '새어 나온다'는 의미로, 번뇌가 육근(안·이·비·설·신·의)이라는 여섯 가지 감각기관으로부터 흘러나온다고 여겨진다.

그러나 이 용어의 설명은 그리 간단하지 않다. 에노모토[榎本 1978]의 연구를 참고하여 이 문제를 생각해 보겠다. 그에 따르면 '루(āsrava/āsava)'는 본래 '새어 들어오다(즉 漏入·流入)'였음에도 불구하고, 후기 전통불교에서는 정반대의 '누출漏出(흘러나오는 번뇌)'로 해석되었다고 한다.

불교와 자이나교의 공통되는 토대라고 여겨지는 자료에서는, 윤회가 홍수에 비유되어 "대홍수의 바닷속에서 배가 이리저리 표류한다. (……) (물이) 흘러들어오는 (ā√sru)배는 향하고 있는 목적지에 이르지 못한다. (……) 신체를 배라고 부른다. (……) 윤회가 바다로 설명되고, 그것을 위대한 성자가 건넌다"고 설명된다.

즉 물(번뇌)이 배(신체, 혹은 영혼)에 흘러들어오면, 그 배는 홍수(윤회) 속에서 가라앉아 버리지만, 유입을 막으면 향하고 있는 목적지(깨달음)에 이르게 된다는 비유이다. 흘러들어오는 것을 자이나교에서는 '악업'이라 하지만, 불교의 경우는 업·번뇌·윤회고 등의 의미로 보다 다양화시킨다.

그것이 불교에서 점차 '누출(흘러나오다)'로 의미가 변화하게 된다. 예를 들어, 『증지부』에 "어떤 사람은 화내고, 미워하고, 불만을 밖으로 꺼낸다. 마치 짓무른 오래된 상처에서 (피나 고름 등이) 흘러나오는 듯한 것이다"라는 표현이 있고, 〈구사론〉에 이르러서는 "(번뇌)는 상처 자리와 같이 여섯 가지 감각기관을 통해 흘러나오기에 루(āsrava/āsava)(라는 다른 이름을 갖는다)"라고 정의되기에 이르렀다고 한다.

초기경전을 살펴보면, "눈의 인식기능에 관해, 제어함이 없이 통과시키는 사람에게 나쁜 탐욕이나 불필요한 근심이 점차 흘러들어오지만, 그것(눈의 인식기능)을 제어하기 위해 수행한다" 등으로 설명되어, 눈을 비롯한 여섯 가지 인식기능(안·이·비·설·신·의)을 제어하는 것이 중요시되었던 것으로 여겨지며, 루는 '누출·유출'보다는 '누입·유입'이 본래의 의미였다고 생각된다.

이 '감각기관의 제어'에 대해서는 뒤의 '율의'를 설명하는 부분에서 다시 다루도록 하겠다.

아라한과 업의 과보의 남겨짐

그럼 끝으로 본 절의 내용을 정리하겠다. 지금까지의 업론을 정리하면 다음과 같다.

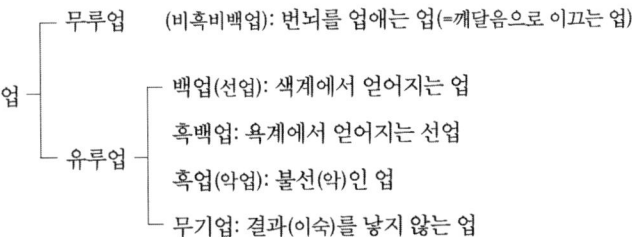

무루업이 구체적으로 무엇인가 하면, 『증지부』는 앞서 거론한 '팔정도' 혹은 '칠각지'로 본다. 즉 출가하여 실천하는 업을 무루업이라 이해해도 좋을 것이다. 무루업은 전통불교에서 '범행(梵行, brahmacarya/brahmacariya)' 등으로 불리는 경우도 있는데, 이는 출가한 이후부터의 수행을 가리킨다. 그렇기에 재가의 생활에 머문 채로는 기본적으로 깨달음을 얻을 수 없는 것이다.

다음은 유루업인데, 흑업(악업)을 유루업이라 해도 문제는 없으나, 선한 유루업(유루선)도 있기 때문에, 보다 설명이 필요하다. 유루선이 무엇인가 하면, 유명해지고 싶다는 생각으로 보시를 하는 등의 행동이다. 보시 자체는 선업이지만, 그 동기가 '유명해지고 싶다'는 욕망(번뇌)을 토대로 행동하기에 유루인 것이다.

무기업이란, 앞서 설명했듯이 선도 악도 아닌 행동으로, 고락이라는 과를 가져오지 않지만, 번뇌를 없애는 무루업이 아니기에 유루업으로 분류된다.

그리고 무루업에 대해서도 약간의 보충 설명을 해두겠다. 우선 〈구사론〉의 '비흑비백업'의 설명을 소개했는데, 거기서 '선의 멸진을 위해 작용하는 무루업'이라 했다. 이 '업'이란 '번뇌'에 가까운 의미로 사용되는데, 설일체유부의 교리에 비춰봐도 업의 불상쇄성이라는 점에서 과거의 업이 사라지는 일은 없다고 여겨도 좋을 것이다. 그것을 설명하는 예를 다시 업보설화를 통해 소개하겠다.

이는『디브야바다나』에 나오는 두 가지 설화로, 아라한이 된 비구가 살해당하는 내용이다. 첫 번째는 제28장(히라오카〔平岡 2007b: 176~194〕)에 나오는 아쇼카왕의 아들인 비타쇼카(Vitasoka)의 이야기다.

아쇼카왕의 시대에 자이나교의 신자가 교조인 니간타(Nigaṇtha)의 발아래에 엎드린 붓다의 그림을 그린 것을 알게 된 왕은 노여워하며 "자이나교의 수행자를 죽여 그 머리를 가지고 온 자에게는 금화를 주겠다"고 공표한다.

마침 그때 비타쇼카는 출가하여 아라한이 되어 유행을 하고 있었는데, 병에 걸려 힘들어하던 그는 옷이 누더기였고, 머리카락과 수염, 손톱이 길게 자라 마치 자이나교 수행자의 모습과 같았다. 어느 날 밤 그는 소를 키우는 집에서 하룻밤을 지내게 되었는데, 그 집의 부인은 비타쇼카를 자이나교의 수행자라고 착각해 남편을 부추겨 그를 죽이려 한다.

목동인 남편이 칼을 뽑아 들고 비타쇼카에게 접근하자, 비타쇼카는 과거세에 대한 지혜를 통해 자신이 과거에 저질렀던 업의 과보가 다가왔음을 알게 되었고, 그 업에 몸을 맡긴 채 묵묵히 있었다. 그러자 목동은 그의 머리를 잘라 떨어트린 뒤 아쇼카왕에게 가져가 바쳤다. 왕은 그것이 부처님 제자의 머리인 걸 알고 까무러치며 기절해 버렸다. 자신의 잘못을 깨달은 왕은 "더 이상 누구도 죽여서는 안 된다"고 다시 공표하였고 목동의 안전까지 지켜주었다.

다른 하나는, 제37장(히라오카〔2007b: 466-547〕)에 나오는 왕위를 버리고 출가해 아라한이 된 루드라야나왕의 이야기다. 아버지로부터 왕위를 물려받은 아들 시칸딘이 나쁜 신하에게 속아 잔혹한 정치를 하게 되었고, 최후에는 아버지까지 죽이게 된다.

아라한이 된 자가 죽임을 당한다는 용례는 『자설경』(Ud. I 10)에도 나오지만, 여기서는 그것이 과거에 저지른 악업의 과보로 다뤄지고 있지 않다. 그러나 후대가 되면 과거의 악업에 그 이유를 구하는 경향이 나타나게 된다.

예를 들어 목건련(Maudgalyayana)은 붓다의 최고 제자임에도 불구하고, 외도들이 보낸 도적에 의해 죽게 된다는 이야기가 『법구경』의 주석서에 나오는데, 그 전에 "(목건련) 장자는 자신이 저지른 업이 (그 과보를) 끌어 당겨온 것임을 알게 되었으나, 그것을 피하지 않았다"(Dhp-a iii 66.4-5)고 설해지게 된다.

이상의 설화 내용을 토대로, 유루업과 무루업의 관계를 정리해 보겠다. 출가하기 전까지 사람은 선업이나 악업을 쌓게 되고, 그 과보가 나타날 때까지 그 업은 사라지지 않는다. 출가하여 무루업을 행하면 과보를 낳는 새로운 업이 더 이상 만들지 않는다. 그렇기에 선업·악업의 과보가 고과·낙과로 나타난다면, 그로 인해 윤회를 일으키는 유루업이 전부 사라지고, 결과적으로 윤회로부터 해탈하게 된다.

이를 앞서 소개한 육사외도의 한 명인 막칼리 고살라의 털 뭉치의 비유로 설명해 보겠다. 털 뭉치가 비탈길을 굴러가는(윤회) 유루업을 행하면, 그 털이 자가증식하여 털끝이 계속 늘어나 아무리 굴러가도 그 끝이 나오지 않는다.

한편 출가하여 무루업을 쌓으면, 그 증식이 멈춰 새로운 털끝이 생겨나지 않는다. 그러나 그 털끝의 증식이 멈췄어도 이미 생겨나 있는 털의 양만큼은 굴러가지 않으면 안 된다. 비타쇼카나 루드라야나의 경우 남은 털에 아직 과거에 쌓은 악업의 과보('죽임을 당한다'는 과보)가 담겨 있었다는 것이다.

2. B군群(신체의 어느 부위를 사용해 행동했는가)

① 삼업

업의 본체는 의사意思

일반적으로 업(행위)이라 하면 '달리다', '먹다', '눕다' 등의 '신체적 행위'를 떠올리지만, 불교는 그 외에도 업을 일으키는 장소(신체적 부위)까지 생각하는데, 그것이 '구업(口業/語業)'과 '의업意業'이다. 구업은 '말한다'는 행위, 의업은 '생각한다'는 행위이다. 이것들을 묶어 '삼업(身口意의 三業)'이라 부른다.

　(1) 신업: 신체적 행위(몸으로 일으키는 것)

(2) 구업: 언어적 행위(입으로 일으키는 것)
(3) 의업: 사고적 행위(마음으로 생각하는 것)

팔정도에서 말하면, 정사유가 의업, 정어가 구업, 그리고 정업이 신업에 해당한다. 또한 본 장의 제1절에서 살펴본 불선업도를 이 삼업으로 나누면, 신업은 살생·투도·사음, 구업은 악구·망어·양설·기어, 그리고 의업은 탐욕·진애·사견이 되는데, 십(불)선업도가 신구의 삼업의 순서대로 나열되어 있는 것을 알 수 있다.

그리고 『증지부』에 "나(붓다)는 의사意思를 업이라고 설한다. 의사를 작용시키면, 신업과 구업과 의업에 의해 업이 만들어진다"고 설해져 있듯이, 업의 본체가 '의사 작용'이라고 명확하게 말하고 있는 점이 중요하다. 불교가 결과론이 아니라 동기론의 입장에 서 있다고 하는 이유가 이 때문이다.

이 점을 자이나교와 비교해 보겠다. 자이나교도 삼업을 설하지만(다만 자이나교는 '업(karman/kamma)'이 아닌 '벌(罰, daṇḍa)'이라 표현한다), 이 중 신업을 가장 중시한다. 즉 "저놈을 죽이자!"라고 생각해도, 실제로 죽이지 않았다면 아무 문제도 없다. 한편, 불교는 의업을 중시하기에, 실제로 죽이지 않았더라도 살의(죽이려는 마음)를 가졌다면 죄가 된다. 즉 자이나교는 결과론, 불교는 동기론이 되는 것이다.

이 삼업의 관계는, 자이나교의 디르가 타파스빈과 붓다 사이에 있었던 문답을 통해 명확하게 설명되고 있다.

"고타마여, 신업·구업·의업은 각각 별개의 것인가?"

"타파스빈이여, 신업·구업·의업은 각각 별개다."
"그럼 고타마여, 각각의 삼업 중에 어떤 업이 악업을 성숙시키고, 악업을 전개하는 데 있어 가장 무거운 것이라 생각하는가? 신업인가, 구업인가, 혹은 의업인가?"
"타파스빈이여, 의업이 가장 무겁다고 나는 생각한다. 신업이나 구업은 그렇지 않다."(MN I 373.11-23)

이후 자이나교에서는 신업이 가장 무겁다고 설해지지만, 같은 삼업을 설하는 불교와 자이나교에서 서로 중요시하는 업이 다르다는 것은 실로 흥미있는 내용이다. 마지막으로 삼업의 관계를 설명한 용례를 소개해 두겠다. 그것은 『법구경』 앞부분의 두 개의 게송으로, 구업과 신업의 토대로서 의업을 두고 있기에 확인할 필요가 있다.

(1) 모든 뜻(의)을 앞에 두고, 뜻을 첫 번째로 하며, 뜻에서 생겨난다(의업). 만약 악한 뜻을 갖고 말(구업)하거나 행동(신업)한다면, 머지않아 그에게 고통이 따라올 것이다. 수레의 바퀴가 그걸 끄는 소의 발을 따라오듯이.

(2) 모든 뜻을 앞에 두고, 뜻을 첫 번째로 하며, 뜻에서 생겨난다(의업). 만약 선한 뜻을 갖고 말(구업)하거나 행동(신업)한다면, 머지않아 그에게 즐거움이 찾아올 것이다. 그림자가 그 본체로부터 떨어지지 않듯이.

② **표업/무표업**

단어의 의미

이어서 표업과 무표업에 대해 살펴보겠다. '표表'의 원어는 vijñapti/viññatti인데, 이는 '알다(vi√jñā)'의 사역형에서 유래한 명사로 '알려지는 것'을 의미한다. 즉 표업은 '알려지는 행위(밖으로 드러나, 외부에서 확인되는 행위)'이고, 무표업은 '알려지지 않는 행위(밖으로 드러나지 않기에, 외부에서 인지할 수 없는 행위)'를 가리킨다.

이것을 삼업에 적용하면, 신업과 구업은 밖에서 인지할 수 있기에 표업이고, 의업은 마음속에서 생각하는 행위로 밖에서 인지할 수 없기에 무표업으로 분류할 수 있지만, 신업과 구업에도 무표업이 존재한다.

이 무표업(눈에 보이지 않는 업)은 다소 이해하기 어렵지만, 이러한 업을 상정한 것에는 그만한 이유가 존재한다. 그리고 무표업을 전제로 함으로서 우리들의 일상 속 행동들이 보다 쉽게 설명되기에 그 점을 이어서 설명하겠다.

원인(因)과 결과(果)의 시간차를 이어주는 것

불교는 기본적으로 인과론의 입장에 서 있다. 여기서 주제로 삼고 있는 업과 윤회도 인과관계를 기반으로 한다. 선인락과·악인고과는 업보사상의 기본이다. 다른 사람에게 친절을 베풀면 곧바로 칭찬을 받거나, 나쁜 짓을 하면 곧바로 벌을 받거나 한다면, 선인에서 낙과가, 그리고 악인에서 고과가 발생할 때까지의 시간이 매우 짧겠지만,

업에 따라서는 그 결과가 나타나는 것이 상당히 긴 시간차를 두고 생기는 경우도 있다.

예를 들어, 성실하게 하루하루 노력한 것이 30년 뒤에 인정받아 노벨상을 수상하게 된 경우나, 사람을 죽이고 10년 뒤에 체포되고 다시 그 10년 뒤에 사형을 당하는 등의 경우는, 원인이 된 업을 행한 시점과 그것이 과를 맺은 시점에 상당한 시간차가 존재한다. 그렇다면 시간차가 있더라도, 그 원인과 결과의 사이에 어떤 연결고리를 가능하게 하는 (무언가)를 인정하지 않으면 이 인과관계가 성립되지 않게 된다.

그래서 무표업이라는 업이 설정되기에 이른다. 즉 무표업이란, 행위가 끝났다고 그것으로 모든 것이 끝나는 것이 아니라, 그 행위가 잠재적인 힘으로서 행위자의 심신에 남겨져 그것이 적절한 때에 열매(과)를 맺을 때까지 계속 숙성되고 있는 것이라고 여겨지게 된다. 잠재적인 힘이기에 그것이 밖에서는 보이지 않는다. 그래서 무표업인 것이다.

즉 무표업이란, 원인이 되는 업이 행해지고 결과를 맺을 때까지 업의 원인과 그 결과를 이어주고 있는 힘으로 기능하는 것이라고 여겨진다. 그렇기에 업이란 '행위 그 자체'와 그 행위가 결과를 맺을 때까지 행위자에게 계속 머무는 '행위의 잠재적 힘'의 두 가지를 의미하게 된다.

일상생활과 무표업

앞서 무표업을 '행위의 잠재적 힘'이라 정의했는데, 그와 더불어 무표업은 또 다른 중요한 의미를 지니게 된다.

우리들의 일상생활을 주목해 보자. 예를 들어, 젓가락을 사용할 때 우리는 일반적으로 음식물이나 반찬을 집어 떨어지지 않도록 입으로 가져와 먹는다. 이때 이런 행위를 일일이 의식하지 않고 무의식 중에 잘 해낸다. 어째서일까?

그것은 태어나서부터 지금까지 수천 번, 수만 번도 더 똑같은 행위를 반복해 왔기에, 우리들 속에 '젓가락으로 음식을 집어 먹는다'라는 무표업이 형성되고, 그 무표업이 의식을 초월한 경지에서 우리의 몸을 사용하고 있기 때문이다.

그 외에도, 글자를 읽고 쓰거나, 계산하거나, 옷을 입는 등 일상생활에서 매우 자연스럽게 하고 있는 대부분의 것들을 모두 이 무표업이 담당하고 있다고 해도 과언이 아니다. 그렇기에 우리의 심신에는 수만 가지의 무표업이 형성되어 우리의 행동을 유지시켜 주고 있는 것이다. 물론 이 무표업이 실제의 행동이 되어 나타난다면 그것은 표업이 되지만, 그대로 가만히 있다면 그 사람 속에 있는 다양한 무표업은 눈에 보이지 않는다.

즉 행위는 행동한다고 끝나는 것이 아니라, 반복해서 하면 할수록 그것이 습관이 되어 심신에 무표업으로서 축적되고, 축적된 무표업은 의식을 넘어서 인간의 행동을 통제하게 된다. 그렇기에 일상생활을 의식하지 않은 채 자동적으로 할 수 있고, 그 자동화를 가능하게 하는 것이 바로 무표업이 되는 것이다.

다음으로, 스키 타는 것을 예로 들어보자. 일반적으로 스키를 탈 수 있는 것은 겨울에 한정된다. 일 년 중 대략 3개월 정도에 지나지 않는다. 그 기간 동안 스키를 좋아하는 사람이라면 주말마다 스키장을 향할 것이다. 그리고 겨울이 끝나면 9개월 정도 쉬고, 다음 해의 겨울에 다시 스키를 탈 것이다.

이 경우 스키 타는 실력이 완전히 처음으로 돌아가는가? 처음에는 적응하는 시간이 조금 걸리지만 이내 예전의 실력이 되돌아오고, 또한 작년과 비교해 더 잘 탈 수도 있다. 업이 나중에 어떤 영향도 주지 않는다면 이러한 일을 설명할 수 없다. 무표업을 상정하여 업이 업을 강화시킨다고 할 때 비로소 설명이 가능해진다.

실력의 성장이라는 것도 무표업이 없이는 설명할 수 없다. 피아노나 테니스의 실력자도 연습 첫날이 있었다. 그러나 매일같이 연습을 쌓아 기술이 숙련되고, 프로의 영역에까지 이르게 되면 무의식적으로도 고도의 기술이 발휘된다. 그것을 가능하게 하는 것이 무표업인 것이다.

피아니스트도 프로 테니스 선수도 버스나 지하철을 탄다면 그 탁월한 기술이 밖에서는 보이지 않는다. 그러나 밖에서 보이지 않는다고 그 사람에게 그런 실력이 없다고 할 수 없다. 일단 피아노 앞에 앉거나, 테니스 코트에 들어서면 무표업이 표업이 되어 밖으로 드러나 사람들이 그것을 인지할 수 있게 된다.

무형문화재도 무표업으로 설명된다. 특정 기술이나 예술성을 지닌 장인은 오랜 세월 동안 갈고 닦는 연습과 실력으로 키워온 무표업이 문화재로서의 가치를 인정받은 것이며, 또한 눈에 보이지 않기에 '무형문화재'라고 부르는 것이다. 무형문화재야말로 무표업에 해당되지만, 그 기술로 작품을 만들거나 공연을 하면 겉으로 드러나 표업이 되는 것이다.

그럼 마지막으로, 삼업과 무표업을 사용해 일상에서 종종 말하는 "알고는 있지만"에 대해 알아보겠다. 예를 들어 무언가를 배울 때 선생님이나 코치로부터 지도를 받고 "그럼 한 번 해봐"라고 해도 처음에는 잘 되지 않는다. 그때 말하는 것이 "알고는 있지만 (잘 안 돼요)"이다. 이것은 의업(머리)으로는 이해했어도, 신무표업(몸의 무표업)이 아직 만들어지지 않았기 때문에 신업에서 잘 실천되지 않는 것이다.

다음으로, 악행을 일삼았던 사람이 멈추려고 해도 다시 일을 저질러 버리는 경우가 있다. "어째서 다시 죄를 저지른 것인가?"라고 물어보면 "알고는 있지만 (멈출 수가 없었다)"이라고 말하기도 한다. 이것은 지금까지 악행을 저질러 온 것이 강하고 단단한 신무표업으로서 몸에 고착되어 아무리 의업으로 나쁜 것이라고 알고 있어도, 그 의업을 넘어 신무표업이 행동을 통제해 신업으로 악행을 저질러 버리는 경우이다.

이처럼 무표업을 전제로 하면 우리의 일상생활 속 모습을 설명할 수 있게 된다.

깨달음과 무표업

불교는 깨달음(해탈)을 추구하는 종교이기에, 일상생활을 설명하기 위해 무표업을 생각해 낸 것은 아니다. 무표업은 깨달음과의 관계에서 설명해야만 한다. 재가자가 지켜야 하는 계로 오계가 있다는 것은 앞서 설명했는데, 재가자가 깨달음을 목표로 하기 위해 출가하려

한다면 수계를 해야만 한다.

비구는 250계, 비구니는 348계를 반드시 수계하고 지켜야 하는데, 그렇다면 계를 지킨다는 것은 무엇을 의미하는 것일까? 수계의식을 통해 출가자는 부처 앞에서 수계의 서약을 한다. 오계의 수계는 "제가 죽을 때까지 목숨이 있는 한 살생하지 않겠습니다"라고 3번의 서약을 한다. 그럼 계체(戒體, 계의 본체)라는 폐악수선의 힘이 무표색으로 몸에 갖춰지게 된다.

다소 가벼운 예로, 우리가 다이어트를 할 경우 누구에게도 말하지 않고 하는 것과 주변 사람들 앞에서 "오늘부터 다이어트를 하겠어"라고 공언하는 것 중 어떤 것이 더 효과가 있을까 하면, 당연히 후자일 것이다. 즉 공언을 한 것이 신표업으로 몸에 갖춰져 주변의 눈치를 보거나 과식 등을 방지시켜 줄 것이다.

이처럼 폐악수선을 서약함으로써 나쁜 일은 저지르기 힘들어지고 좋은 일은 보다 실천하기 쉬워진다. 이러한 생활을 일상화시켜 폐악의 무표업이 점차 강해지면 나쁜 일을 저지르려 해도 할 수 없게 되고, 또한 수선의 무표업이 강해지면 의식하지 않고도 자연스레 좋은 일을 실천하게 되는 것이다.

칠불통계게와 무표업

칠불통계게七佛通戒偈라는 게송을 소개하겠다. 불교 설화에 따르면, 붓다 이전에도 여섯 명의 부처가 존재했다고 한다. 그리고 붓다를 포함한 일곱 명의 부처가 공통되게 가르침으로 지녔던 게송이 칠불통계게다. 원문은 산스크리트 등으로도 존재하지만, 여기서는 우리에게도 친숙한 한문역을 소개하겠다.

> 제악막작諸惡莫作 모든 악을 짓지 않고,
> 중선봉행衆善奉行 모든 선을 실천하며,
> 자정기의自淨其意 자신의 그 마음을 청정하게 하는 것,
> 시제불교是諸佛敎 이것이 모든 부처님의 가르침이다.

 이 내용만을 보면 지극히 당연한 이야기로 어떤 난해한 교의도 설해져 있지 않다. 그래서 이 게송을 둘러싼 다음과 같은 에피소드가 중국에 있다. 당 시대의 유명한 시인 백거이(白居易, 백락천白樂天)가 산속의 소나무 위에서 좌선 중이던 조과 도림鳥窠道林선사에게 "불교의 요체는 무엇인가?"라고 질문하자, 도림선사가 칠불통계게를 설해 주었다.
 그러자 백거이는 "그런 거는 세 살 먹은 아이도 알고 있다"며 조롱하듯이 대답했고, 이에 도림선사는 한 찰나의 틈도 주지 않고 곧바로 "세 살 먹은 아이도 알고 있지만, 팔십 먹은 노인도 이를 실천하기 어렵다"고 알려준다.
 그럼 이것을 무표업이라는 관점에서 다시 해석해 보면 어떤 내용이 될까? 마지막의 두 게송은 그대로 두고, 앞의 두 게송을 다음과 같이 바꿔 읽을 수 있다.

> 제악막작: 나쁜 무표업(습관)을 없애고(나쁜 것을 자연스럽게 할 수 없게 된다)

중선봉행: 좋은 무표업(습관)을 몸에 익혀(좋은 것이 자연스럽게 실천된다)

백거이가 가볍게 여긴 것도 무리는 아니지만, 이 무표업을 결코 '세 살 먹은 아이도 알고 있다'는 식으로 경시하면 안 된다. 그 이유는 다음에 설명할 계체(율의)와 깊은 관련이 있기 때문이다.

보호막으로써의 계체(율의)

폐악수선의 무표업이 강해질수록 깨달음에 가까워지게 된다. 우습게 남의 물건을 가져오는 행동을 한 번이라도 한다면 상습적으로 될 수 있고, 하기 어려운 선행도 한 번 해 보면 그다음부터 쉽게 실천할 수 있게 된다.

그럼 '제악막작'과 '중선봉행'의 순서에 대해 현실생활에서는 양자를 상호적으로 실천해야 하기에, 우선 '제악막작'을 해야 하고, 그것이 가능해지면 '중선봉행'이 되는 것이 자연스러운 순서일 것이다.

예를 들어, 도둑이 집에 들어왔다고 하면 맨 먼저 해야 할 것은 그 도둑을 집 밖으로 내쫓는 것이다(폐악). 그리고 다음으로 해야 할 것은 두 번 다시 집에 도둑이 들지 않도록 보안에 각별히 신경 쓰는 것이다(수선). 이는 세차로도 예를 들 수 있다. 더러워진 자동차를 깨끗이 하기 위해서는, 우선 차의 오물을 물로 씻어내고, 다음으로 오염이 덜 되도록 왁스 등을 발라두어야 한다.

그렇다면 이러한 비유를 토대로 계체에 대해 다시금 생각해 보겠다. 계체는 율의라고도 한다. 출가자가 지켜야 하는 계율은 250가지로,

이를 바라제목차(波羅提木叉, prātimokṣa/pātimokkha)라고 하는데, 이 것을 지키게 되면 하나하나의 계가 따로따로 별개의 악을 막아주고, 해탈로 이끄는 무표업으로 기능하기에 '별해탈율의別解脫律儀'라고도 한다.

계체(율의)를 이미지화하기란 쉽지 않지만, 굳이 말하자면 신체의 표면을 둘러싼 보호막(차의 왁스 코팅)과 같은 것이라고 생각하면 좋겠다. 이것이 신체로 악한 것이 들어오는 것을 막아주는데, 율의라는 의미에서 생각하면 이해하기가 수월하다.

율의의 원어는 saṃvara로 본래 '방어'를 의미한다. 무루업을 설명하면서 '루(āsrava/āsava)'의 문제에 대해 거론했는데, 그때 이 표현의 본래 의미가 '누입·유입'인 것을 지적했었다. 바로 율의가 악의 침입을 막아주는 행위인 것이다.

그럼 마지막으로 A군과 B군의 업을 표로 정리하겠다. 이 A군과 B군의 업의 곱셈으로 우리들의 업이 성립된다. 그럼 그 결과 어떻게 되는 것일까?

3. C군群(그 결과 어떻게 되는가?)

① 정업/부정업
붓다조차도 얽매이는 정업

지금까지의 내용으로, 과거세에 만들어진 업이 무표업으로서 행위자의 심신에 잠재화되어 현세 혹은 미래세에 과보를 만들어 낸다는 것이 이해되었는데, 본 절에서는 결과에 중점을 둔 업의 분류를 소개하겠다.

우선 정업定業과 부정업不定業부터 설명하겠다. 단적으로 말하면, 업의 과보가 있다고 결정하는 것을 정업, 그렇지 않은 것을 부정업이라 한다. 정업에 대해서는 제2장의 제1절 중 '업의 불가피성'에서 설명한 대로이지만, 정업은 붓다조차도 피할 수 없다고 여겨진다. 그것을 여실하게 보여주는 설화를 소개하겠다.

이 설화는 붓다가 현세에서 다리에 상처를 입은 것을 붓다의 과거세의 악업으로 설명하는 매우 이색적인 내용이다. 상처를 입힌 것은 붓다의 사촌인 데바닷다로, 그는 붓다에게 여러 악한 행동을 저질렀는데, 그중 하나가 산 정상에서 큰 바위를 굴러 떨어트려 붓다를 죽이려 한 것이다.

> 세존은 평지에 선 뒤 산속의 동굴로 들어갔다. 데바닷다는 오백 명의 추종자를 거느린 채 장치를 작동시켜 세존을 향해 바위를 굴렸다. (그것을) 야차 바즈라파니가 부수었고, 그중 세존이 계신 장소로 굴러오려는 절반을 야차 쿰비라가 잡으려 했으나

제대로 잡지 못하고 돌에 맞아 죽어 버린다. 세존은 솟아올랐으나 돌의 파편에 다리가 상처 입었다.

그때 세존은 "허공도, 큰 바닷속에서도, 산속의 동굴에 있어도, 업의 힘이 미치지 않는 곳은 어디에도 없다"고 게송을 읊었다. (SBhV 168.22-31)

똑같은 내용이 다른 자료에도 존재하지만, 거기에는 붓다가 부서진 돌을 피하기 위해 이리저리 움직이지만 어딜 가든 그 돌이 붓다를 쫓아가 결국 붓다의 다리에 떨어져 상처를 입히는 결과가 일어난다. 붓다조차도 업의 과보를 받게 된다는 내용으로, 마지막에 설해진 게송에는 그 힘과 설득력이 담겨 있다.

물론 이 설화는 후대에 만들어진 것이지만, 깨달음을 얻은 붓다조차도 악업의 과보에서 벗어날 수 없다고 설함으로써 업보의 불가피성을 강조하는 데 매우 유용하게 사용된다. 이처럼 과보가 있다고 결정하는 것이 바로 정업이다.

다른 해석

지금까지는 설일체유부의 해석이었으나, 남방상좌부는 이것과는 다른 해석을 한다. 그 용례가 『밀린다왕문경』에 나오는데, 밀린다왕이 "붓다가 다리에 상처를 입은 것은 과거세에 지은 악업의 탓이 아닌가?"라고 질문하자, 나가세나 비구는 다음과 같이 답한다.

「대왕이시여, 실로 감수感受된 모든 것이 업을 근본으로 하는 것은 아닙니다. 대왕이시여, 여덟 가지 원인(바람, 담즙, 점액, 그 세 가지의 화합, 계절의 변화, 바르지 않은 자세, 장애, 그리고 업의 이숙)에 의해 감수된 것이 생기지만, 그것들의 원인에 따라 많은 사람들은 (고통스러움의) 감각을 감수합니다.
(중략) 대왕이시여, 그런 까닭에 (감수된 것)은 업의 이숙에서 생겨난 것은 적고, 남겨진 것(에서 생겨난 것)이 보다 많은 것입니다. 이에 대해 어리석은 자들은 '모든 것은 업의 이숙에서 생겨난 것일 뿐'이라고 극론을 말하는 것입니다.
(중략) 대왕이시여, 여래는 대지와 같이, 그처럼 보여 지게 됩니다. 예를 들어 (허공에 던져진) 흙덩이가 대지에 떨어질 때 과거세에 저지른 업에 의해 (대지로 떨어지는 것)이 아닌 것처럼, 그것과 마찬가지로 대왕이시여, 여래의 다리에 그 돌의 파편이 떨어진 것은 과거세에 지은 업과 같은 것은 아닌 겁니다.」(Mil. 137.2-5)

이처럼 업의 인과관계를 인정하지 않으면 안 되지만, 우리가 감수하는 고·락이 모두 과거세에 지은 업의 결과는 아니라는 것을 나가세나 비구는 지적한다. 이처럼 같은 사상도 부파에 따라 해석이 다르며, 업사상이 보편적 사실이 아닌 것은 분명하다. 업사상은 어디까지나 주체적 사실로 받아들여야 하는 것이다.
　더욱이 부정업이란 과보가 있다고 결정하지 않는 업이기에, 그 용례를 여기서 제시할 수는 없다.

② 삼시업

삼시란

이러한 정업의 과보가 어느 시점에 나타나는가에 대해 설명하는 것이 삼시업三時業이다. 즉 선악업의 과보를 받게 되는 시기에 따라 세 종류로 나눈 것이다.

- 순현법수업順現法受業: 현재세에서 업을 짓고, 그 과보를 같은 현재세에 받는 업
- 순생수업順生受業: 그 과보를 다음 세에 받는 업
- 순후수업順後受業: 그 과보를 다다음 세(세 번째 생) 이후에 받는 업

이를 살펴보면, 현재세에 지은 업의 과보가 반드시 이번 세에 나타난다고는 할 수 없다. 이 점이 중요하다. 이번 세에 악한 사람이 즐거움을 누리거나, 선한 사람이 어려움을 겪는 불합리한 일이 벌어지기도 하기에, 이를 합리적으로 이해하기 위해서는 어떻게든 다음 세, 또는 다다음 세를 설정하지 않으면 안 되었던 것이다.

고대 인도에도 불합리한 현실은 있었다

그리고 다른 경전은 이런 불합리한 세상을 다른 관점에서 합리적으로 설명하려 했다. 대표적으로 『중부』의 「분별대업경分別大業經」이 있다. 여기서는 '선업/악업'과 '선취善趣/악취惡趣'의 관계에서 다음과 같은 네 종류의 유형을 제시한다.

(1) 현재세에서 악업을 쌓았어도 사후에 선취로 태어나는 자
(2) 현재세에서 악업을 떠났어도 사후에 악취로 태어나는 자
(3) 현재세에서 악업을 쌓아 사후에 악취로 태어나는 자
(4) 현재세에서 악업을 떠나 사후에 선취로 태어나는 자

이 중 (3)과 (4)는 합리적이기에 별문제가 없지만, (1)과 (2)는 악한 사람이 즐거움을 누리고 선한 사람이 어려움을 겪는 예이기에 불합리하게 보인다. 문제는 이 (1)과 (2)를 어떻게 이해할 것인가이다. 현재세뿐만 아니라 2,600년 전의 인도에서도 같은 고민이 있었을 것이다. 그렇기에 합리적인 설명이 필요하게 된다. 이에 대한 붓다의 대답은 다음과 같다.

(1) 현재세에서의 악업의 결과로 선취에 다시 태어난 것이 아니다. 현재세보다도 이전의 생애에서 선업을 쌓았거나, 혹은 임종 직전에 선심을 내었기 때문이다.
(2) 현재세에서의 선업의 결과로 악취에 다시 태어난 것이 아니다. 현재세보다도 이전의 생애에서 악업을 쌓았거나, 혹은 임종 직전에 악심을 내었기 때문이다.

참으로 탁월한 논법이다. 붓다의 이 설명은 '과거 → 현재'의 차원에서 이뤄지고 있지만, 이것을 '현재 → 미래'의 차원으로 바꿔 삼시업의 순후수업에 적용해 보면 "이 현재세에서의 악업(선업)의 결과는 다음 세가 아니라 다다음 세(세 번째 생) 이후로 받게 된다"라는 설명도

가능해진다.

앞서 지적한 바와 같이, 우리의 모든 생애를 태어나서 죽을 때까지 (이번 생)로만 한정한다면 불합리한 세상의 일을 설명할 수 없으나, 태어나기 전이나 혹은 죽은 후의 생을 상정한다면 어떤 설명도 가능해지는 것이다.

③ 공업/불공업
그리스도교와의 차이

이번에는 공업共業/불공업不共業에 대해 살펴보겠다. '공'은 '공통共通'의 의미이기에, 공업이란 '공통하는 업'이며 불공업은 '공통하지 않는 업'이 된다. 무엇과 공통하지 않는가 하면 '다른 유정(살아 있는 것들)과' 이다. 즉 불공업은 각각의 유정이 만드는 업이기에, 자업자득을 원칙으로 하는 불교의 업론에서 이해하기 어렵지 않다. 지금까지 이 책에서 다룬 업은 기본적으로 모두 불공업이다.

그렇다면 '다른 유정과 공통하는 업'이란 어떤 업을 가리키는 것인가? 이것은 모든 유정(혹은 어느 특정한 유정)이 만드는 업이기에, 따라서 그 과보도 모든 유정(혹은 어느 특정한 유정)과 공유하는 것이 된다.

그리스도교는 천지창조의 주인공으로 신을 내세우지만, 불교에서는 천지를 창조한 것은 신이 아니라 유정의 업이라고 여긴다. 즉 유정이 살고 있는 자연환경, 태양이나 달을 비롯한 대지나 하늘, 그리고 산천초목에 이르기까지 모두 유정의 업에 의해 생겨나고, 그 과보로서의 자연환경을 모든 유정이 공통되게 사용하는 것이다.

불교에서 이 천지창조에 '시작'을 설정하지 않고 있는 것도 중요한 특징이다. 그리스도교에서는 신이 천지를 창조한 시점이 천지의 시작이라 여기지만, 불교는 그 시작도 없으며 끝도 없는 유구한 시간을 토대로, 세간이 생성되었다가 소멸되고, 다시 생성되었다가 소멸되는 이러한 반복이 영원히 이어진다고 여긴다.

그래서 공업에 의해 만들어지는 자연환경을 '기세간器世間'이라 하고, 그 기세간에 살고 있는 생물을 '유정세간有情世間'이라 부르는데, 이것은 불공업에 의해 생겨난다고 설명한다. 이 두 세간에 의해 우리의 세계가 구성되어 있는데, 유정세간이 생사를 반복하며 윤회하듯이 기세간은 업에 의해 생성되고, 업에 의해 유지되며, 업에 의해 소멸하는, 생성과 소멸을 반복하게 된다.

기세간의 생성과 소멸

그럼 기세간은 어떤 식으로 생성되고 소멸하는 것일까? 사다카타[定方 1973: 109-116]의 설명에 근거해 그 내용을 확인해 보겠다. 이것은 4단계의 주기로 이뤄져 있으며 전부 20중겁('겁劫'은 굉장히 긴 시간 단위)으로 되어 있다. (1) 소멸해 가는 시기(괴겁壞劫), (2) 소멸한 상태로 이어지는 시기(공겁空劫), (3) 생성해 가는 시기(성겁成劫), 그리고 (4) 생성해서 머무는 시기(주겁住劫)이다.

(1) 괴겁에서는 세간이 지옥에서부터 무너진다. 우선 지옥의 주인이 모습을 감추고 유정도 모두 사라지는데, 이때 지옥이라는 장소 그 자체도 사라진다. 마찬가지로 아귀·축생의 장소도 사라진다. 인간은 색계 제2선에 다시 태어나며(피난), 이제 세간을 만드는 유정의 업이

더 이상 존재하지 않게 된다. 이때 일곱 개의 태양이 나타나 욕계를 태워 없애버린다.

이후로 (2) 공겁이 20중겁 동안 이어지고, 공겁이 끝나면 (3) 성겁이 시작된다. 우선, 유정의 업의 힘에 의해 미세한 바람이 불어온다. 이것을 시작으로 서서히 욕계가 형성되기 시작하여 모든 것이 원래대로 되돌아가면, 괴겁 때 색계로 피난을 갔던 유정들이 다시금 욕계로 되돌아온다. 그리하여 유정이 위에서부터 아래로 곳곳에 자리하게 되면 이때 성겁이 끝난다.

이후 (4) 주겁이 시작된다. 이 시기는 성겁에서 생성을 마친 존재들이 계속 살아갈 뿐이다. 이 주겁의 특징 중에 '작은 삼재三災'와 '큰 삼재'가 있다. 작은 삼재란 전쟁·질병·기아로 주겁의 어떤 시기에 반드시 생겨난다. 이렇게 괴·공·성·주의 한 주기가 완결된다. 이 80중겁(20중겁×4)을 1대겁이라 한다.

한편 큰 삼재란 화재火災·수재水災·풍재風災의 세 가지를 말한다. 1대겁(괴·공·성·주의 한 주기)마다 일곱 개의 태양이 태워 없애는 화재가 있다는 것은 앞서 설명했는데, 이 1대겁이 일곱 번 반복되면 다음의 괴겁이 되돌아왔을 때 수재가 일어나 색계 제2선 이하를 전부 파괴한다. 그리고 더욱 무서운 것은 풍재로, 이것은 수재가 일곱 번 일어나고 다시 일곱 번의 화재를 한 번 반복한 뒤, 다음의 괴겁이 되돌아올 때 일어나 색계 제3선 이하를 전부 파멸시킨다. 이 풍재가 찾아오는 주기는 64대겁마다이며 이것을 64전轉대겁이라 한다. 즉 큰 삼재로부터 안전한 곳은 색계 제4선이라는 것이 된다.

이러한 시간 속에서 기세간은 생성과 소멸을 반복하고, 그 기세간에 사는 유정은 각각이 만든 업에 따라 윤회를 반복하게 되는데, 불교는 그 윤회로부터 해탈하는 것을 수행의 목표로 삼는 것이다.

일반적으로 공업이라 하면 기세간의 원인이 되는 업을 말하지만, 어느 특정한 유정(종족·민족·국민 등의 어느 특정 집단)에 공통되는 업이라 생각해도 된다. '공업'이라는 술어가 사용되는 것은 아니지만, 초기경전에서 코살라국의 속국이었던 샤카족이 코살라국의 왕에게 멸망되어 버린다는 이야기가 공업의 예라고 나카무라[中村 1993: 667]는 지적하는데, 다음에 소개하는 설화도 공업에 관한 좋은 예이다.

설화에 나오는 공업

『디브야바다나』 제37장(히라오카[平岡 466-547])에는 '공업'이라는 말이 사용되고 있지 않지만, 어느 특정 집단이 공통으로 일으킨 업의 과보를 같이 받는다는 이야기가 나온다.

본 장의 전반부는 앞서 소개했듯이 왕위를 버리고 출가하여 아라한이 되었어도 최후에는 과거세의 악업이 덮쳐와 결국 아들에게 살해당하는 루드라야나왕과, 아라한인 아버지를 죽인 탓에 두 개의 무간업을 저질러 지옥에 떨어지게 된 왕자 시칸딘의 이야기가 나온다.

후반부는 루드라야나왕의 나라인 로루카가 왕이 된 시칸딘과 주민들의 악업에 의해 땅에 묻혀 버리는 이야기가 나오는데, 여기서는 선량한 두 명의 대신과 그들의 가족만이 배에 올라타 살아남게 된다는 일화를 더해 불교판 '노아의 방주'라고도 불리는 내용까지 보겠다.

어느 날 시칸딘은 불제자 카티야야나를 길에서 만나자, 그에게 모래를 뿌려 땅에 묻히게 했다. 그 업으로 인해 로루카 마을에 흙비가

내려 땅에 묻혀 버리게 된다. 총무대신인 히루와 비루는 간신히 그곳에서 탈출하였고, 카티야야나도 탈출하여 각지를 유행하며 유정을 교화한 뒤 붓다의 곁으로 되돌아왔다. 거기서 비구들이 붓다에게 질문을 하였다.

> 「대덕이시여, 시칸딘(왕), (도시)로루카에 살던 사람들, 그리고 도반 마하 카티야야나가 무슨 업을 저지른 까닭에 땅에 묻혀 버렸으며, 총리대신 히루와 비루는 (무슨 업을 지은 까닭에) 탈출할 수 있었던 것입니까?」(Divy. 584.10-13; cf. 히라오카 〔2007b: 512〕)

이 말을 듣고 각각의 과보를 일으킨 업을 설명하기 위해 붓다는 과거의 이야기를 설한다. 어느 마을 장자의 딸(시카딘)이 집을 청소하고 먼지를 뒷마당에 버렸는데, 그것이 독각의 머리에 떨어졌으나 어떤 후회의 생각도 없었다.
그런데 그날 갑자기 그녀에게 구혼자가 나타났는데, 오빠(카티야야나)는 "무슨 일이 있었느냐?"라고 물었고, "독각에게 먼지를 떨어트렸다"고 대답하자 그는 웃음을 터트렸다.
그 후로부터 구혼자를 찾는 사람은 독각의 머리에 먼지를 떨어트리면 된다는 소문이 퍼졌고, 여인들(로루카의 사람들)이 수행자들의 머리에 먼지를 떨어트리기 시작했다. 그리고 그 마을에 살고 있던 두 명의 장자(히루와 비루)에게 훈계를 받고 나서야 그 행동을 그쳤다. 이 과거의 이야기를 마치고 붓다는 다음과 같이 과거와 현재를 이어 설명했다.

「비구들이여, 어찌 생각하는가? (그때 그곳에서) 독각의 머리에 먼지를 버린 딸이 바로 시칸딘(왕)이고, 그 마을에 살고 있던 사람들이 바로 (도시)로루카에 살던 사람들이다. <u>그들은 독각들의 머리에 먼지를 (운운)이라고 하는 악견(나쁜 소문)을 가졌는데, 그 업의 이숙으로 땅에 묻히게 된 것이다.</u> (그 나쁜 행동을) 그치게 한 두 명의 장자가 바로 총리대신 히루와 비루이고, 이 업의 이숙으로 탈출할 수 있었던 것이다. (여동생의 말을 듣고) 웃음을 터트린 오빠가 바로 비구 카티야야나이다. 그는 웃음을 터트린 그 업의 이숙으로 땅에 묻히게 된 것이다. 만약 그가 웃지 않았다면 땅에 묻히는 일은 없었을 것이다. (또한) 만약 그가 (다른 사람들과 마찬가지로) 악견을 가졌었다면 비구 카티야야나도 (완전히) 땅에 묻혀 불행히도 목숨을 잃었을 것이다.」(Divy. 585.19-586.3; cf. 히라오카〔2007b: 513-514〕)

이처럼 로루카의 주인이 땅에 묻히게 된 것은 밑줄친 내용과 같이, 나쁜 소문을 퍼트렸다는 공업에 의한 것이라고 생각된다.

그럼, A군, B군, 그리고 C군의 모든 업을 정리하면 다음과 같다.

제3장 전통불교의 업사상-각론 139

```
                A군(업의 내용)                    B군(업을 일으키는 신체적 부위)

         ┌─ 무루업    (비흑비백업)                  ┌─ 신업(신표업+신무표업) ─┐
    업 ─┤           ┌─ 백업(선업)           삼업 ─┤  구업(어표업+어무표업)   ├─ 오업
         └─ 유루업 ─┤  흑백업                     └─ 의업(무표업) ─────────┘
                    │  흑업(악업)
                    └─ 무기업
```

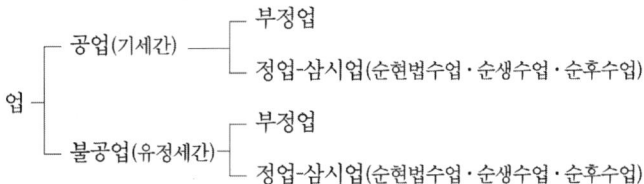

```
              C군(결과로 본 업의 분류)

         ┌─ 공업(기세간) ──┬─ 부정업
    업 ─┤                 └─ 정업-삼시업(순현법수업·순생수업·순후수업)
         └─ 불공업(유정세간) ┬─ 부정업
                            └─ 정업-삼시업(순현법수업·순생수업·순후수업)
```

(참고로, C군은 불전의 기술에 따른 것이 아니라 필자 개인의 자의적인 정리임)

제4장 붓다와 업

1. 부처와 법의 관계

삼보

불교에는 세 가지의 보물이 있다. 바로 불佛·법法·승僧이다. 이 삼보三寶에 귀의하는 것이 불교도가 되기 위한 조건이며, 시대와 지역이 달라도 이 조건만은 변하지 않는다. '불'은 진리를 깨달은 사람(부처), '법'은 부처가 깨달아 사람들에게 설해 보여준 진리(혹은 가르침), 그리고 '승'은 그 법에 의지해 수행하는 사람들의 모임을 가리킨다.

  승은 별개로 두고, 불과 법의 관계 중 어느 것이 상위개념이 되는 것일까? 결론부터 말하면, 법이 불보다 상위개념이다. 이에 대해 몇 가지의 근거를 제시하겠다. 우선은 '자등명自燈明·법등명法燈明'으로 확인하겠다.

  붓다가 임종에 다다랐을 때, 제자 아난다가 불멸 후의 불교도의 삶에 관해 붓다에게 묻자, 아난다에게 알려준 것이 이 '자등명·법등명'이다. "내가 죽더라도 진실된 자신과 법(진리)를 의지처로 삼아라"라는 의미로, 여기서 붓다는 "나(부처)를 의지처로 삼아라"라고 하지 않는다.

다음은 붓다가 깨달은 연기의 이치에 관한 정형적 표현을 살펴보겠다. 예를 들어 『상응부』에서는 다음과 같이 설해진다.

> 「비구들이여, 연기란 무엇인가? 비구들이여, 생을 인연으로 노사가 있다. 여래가 (세상에) 나와도, 혹은 여래가 (세상에) 나오지 않아도, 이 도리는 정해져 있으며, 법으로 정해져 있고, 법으로 확정되어 있다. 그것은 상의성相依性의 것이다. 여래는 이것에 눈뜨고, (이것을) 깨달아 이해한다. 깨달아 이해했기에, 선언하고, 설시하며, 알려주고, 선포하며, 개진하고, 분별하며, 분명하게 하여 "그대들은 보라"고 말한다.」(SN ii 25.17-23)

여래(붓다)의 출현과 상관없이 법은 법으로서 확정되어 있다는 표현으로, 여기서도 불과 법의 주종관계가 명확하게 설해져 있다고 볼 수 있다.

또한 다음과 같은 『상응부』의 또 다른 용례도 있다. 여기서는 성도 직후의 붓다가 누구에게도 의지하지 않고, 누구도 존중하지 않으며 살아가는 것에 대해 허망함을 느껴 마음속으로 다음과 같이 생각한다.

〈아직 가득 차지 않은 계온戒蘊을 채우기 위해, 다른 사문 혹은

제4장 붓다와 업

바라문을 존경하고 받들어 가까이 지내며 생활하라. 그러나 나는 천天·마魔·범천을 포함한 세간에서, 사문·바라문·인·천을 포함한 사람들 중에 나보다 계를 성취하고 (그로 인해) 내가 존경하고 받들어 가까이 지내며 생활할 수 있는 사문이나 바라문을 본 적이 없다(이하, 정온定蘊과 해탈온解脫蘊에 대해 같은 표현이 반복해서 나온다). <u>그렇기에 나는 내가 깨달은 법, 이 법이야말로 존경하고 받들어 가까이하며 시간을 보내야 한다.</u>〉(SN i 139.5-27)

밑줄 친 부분은 '부처가 법을 존경한다'는 의미로, 불과 법의 주종관계를 확실하게 규정짓고 있다.

이에 대해 나카무라[中村 1988: 189]는 인도 사람의 일반적 사유방법의 특징이 '보편자에 대한 수순隨順에 있다고 하며, "이러한 사유방법에 근거하는 한, 진리를 설하는 사람의 역사성을 자칫 부정하는 경향이 생길 수 있다. 한 명의 사람보다 법의 우월성을 강조한 결과로 인해 최상의 인격자라 하더라도 보편적인 법을 실현한 하나의 개별적 사정에 지나지 않는 것이 된다"고 설명한다.

수레의 바퀴와 같이

분명 이념적으로는 법이 불의 상위에 위치하지만, 그 법도 부처에 의해 깨달아졌고 말로 설해지지 않았다면 우리가 인식할 수 없었을 것이다. 이런 의미에서는 불이 법보다 떨어지지 않으며 그 이상이라고도 할 수 있다.

예를 들어 삼보의 순서를 보면, 법보다도 불이 앞에 위치해 있다. 본래 법이 불의 상위개념임에도 불구하고, 삼보에서 왜 불과 법의 지위가 바뀌어 있는 것일까? 이 문제를 고찰한 사에구사〔三枝 1999: 87-101〕의 소견에 귀를 기울여 보겠다.

사에구사는 초기경전의 용례를 섭렵하여, 우선 불이, 그리고 다음으로 법이 설해져 있는 순서는 항상 바뀌지 않고 일정한 것을 확인했다. 그럼, 왜 이런 순서인가? 이에 대해 사에구사는 초전법륜初轉法輪, 즉 붓다의 최초 설법의 장면에 주목했다.

붓다가 최초로 설법한 대상은 고행을 닦던 시기에 함께한 다섯 명의 수행자였다. 붓다가 처음 설법하려 했던 건 출가 초기에 선정을 알려주었던 알라라 깔라마와 웃따까 라마뿟따였으나, 두 명 모두 세상을 떠났다는 것을 알게 되어 그 대상을 다섯 명의 수행자로 바꾼다. 그리고 그들이 머물고 있던 사르나트로 그들에게 법을 설하기 위해 길을 떠난다.

처음에는 붓다를 무시하기로 약속했던 다섯 명의 수행자였으나, 거기에 나타난 것은 고행을 포기한 사람이 아니라 진리에 눈뜬, 말 그대로 붓다가 된 존재였다. 그 위엄에 압도된 그들은 무의식적으로 자리에서 일어나 붓다를 정중히 맞이하게 된다.

그리고 붓다로부터 법을 듣고 그들도 진리를 깨치게 된다. 즉 다섯 명의 수행자의 입장에서 보면, 붓다와의 만남이 먼저이고, 붓다가 설한 법을 만나게 되는 것은 그 이후가 되는 것이다. 그리고 사에구사는 다음과 같이 지적한다.

게다가 담마는, 붓다라는 특정 개인이라는 이른바 인격 그 자체로 뒷받침되고 있으며, 그 붓다 개인을 제외하면 이 담마 자체가 나타날 수 없었다. 이미 존재하고 있었을 담마가 스스로 개진되는 일은 결코 있을 수 없다. 이 담마는 붓다라는 개인과 인격을 통해서만 담마로 있을 수 있고, 담마가 될 수 있다고 해도 과언이 아니다.〔담마(Dhamma)＝다르마(Dharma), 이 보충설명은 히라오카〕

이처럼 이념적으로는 법이 부처에 앞서지만, 다섯 명의 수행자에게 있어 붓다라는 인격이 앞서고 그다음에 다르마가 현전하게 되기에, 가르침을 따르는 불교도의 입장에서 삼보의 순서는 부처가 법에 앞서게 된다고 사에구사는 설명한다.

이런 의미에서 법 없이는 부처가 존재할 수 없고, 부처 없이는 법이 우리에게 전해질 수 없었기에, 수레의 양 바퀴와 같이 두 가지가 존재하는 것이다. 다만 신앙의 측면에서는 부처를 중시하는 입장도 있고, 법을 중시하는 입장도 있다. 예를 들어, 염불(念佛, 나무아미타불 등)은 부처의 입장이고, 제목(경전명, 금강반야바라밀경 등)은 법의 입장을 상징하는 것이다.

자타카

그럼, 부처와 법의 관계를 토대로 불교의 설화문헌에서 붓다를 어떻게 나타내고 있는가에 대해 살펴보겠다. 보다 자세히 말하자면, 설화문헌이 붓다와 업의 관계를 어떻게 보고 있는가라는 문제에 대해서다.

지금부터 소개하려는 자타카와 아바다나라는 설화문헌에서는 붓다에 대한 설명이 정반대로 나타난다. 이 비교는 같은 설화문헌에서도 그 편찬 목적이 다르면 붓다에 대한 이미지에 큰 차이가 나타난다는 것을 보여준다. 그럼 구체적인 이야기를 소개하기에 앞서 우선 자타카가 어떤 문헌인지를 설명해 두겠다.

일반적으로 자타카라고 하면, 붓다의 본생(本生, 과거세에서의 생애) 이야기를 말하지만, 발생적으로는 그리 간단하지 않다. 상세한 내용은 스기모토[杉本 1993a]를 참고하길 바라며, '자타카'란 본래 '이 세상에 태어나기 전의 생애 이야기', 또는 '현재의 일(사건)을 과거의 이야기를 통해 그 이유를 찾는 설법의 한 형식'에 지나지 않았던 것이, 비교적 후세가 되면 보살의 이념과의 융합이 이루어지게 됐다고 한다.

기원의 문제는 접어두고, 여기서는 자타카를 '붓다의 본생 이야기'라고 해두겠다. 그럼 왜 이런 이야기가 만들어지게 되었는가 하면, 그것은 붓다의 깨달음에 대한 신격화 때문이다. 일반적으로 불전에 따르면, 붓다는 29세에 출가하여, 30세에 깨달음을 얻었다고 하기에 수행의 기간은 6년간이 되지만, 붓다의 입멸 후 교조인 붓다를 신격화하는 운동과 더불어 붓다의 깨달음도 신격화되기 시작된다.

즉 붓다의 깨달음은 금생의 6년 수행으로 이루어진 것이 아니라, 인도에 이전부터 존재하던 윤회사상을 배경으로 과거세부터 계속 이어져 온 수행의 성과로 여겨지게 된 것이다.

그리하여 붓다의 본생 이야기가 탄생하였고, 수많은 이야기가 만들어지게 되었는데, 그 과정에서 수행의 기점이 문제가 된다. 즉 붓다의 수행이 언제부터 시작된 것인가라는 물음이다. 그렇게 생각해 낸 것이 연등불燃燈佛의 수기授記 이야기다.

붓다는 과거세에 연등불과 만나게 되어 부처가 되겠다는 서원을 세운 뒤 진흙 위에 자신의 머리카락을 풀어 연등불이 그것을 밟고 건너가게 하였다. 그리고 성불의 서원을 세웠기에 그것을 본 연등불이 그에게 "그대는 장래에 샤카무니라고 불리는 붓다(불)가 될 것이다"라는 성불의 약속(예언)을 주었다(수기)고 한다.

그렇다면, 이 시점에 붓다는 '단순한 유정(sattva/satta)'이 아니라, '깨달음(bodhi)을 구하는 유정', 혹은 '깨달음이 확정되어 있는 유정'이 되었기에(히카타〔干潟 1981〕), 연등불 수기 이후 금생에서 깨달음을 열기까지 그는 '보리(菩提, bodhi) 살타(薩埵, sattva/satta)'라고 불리게 되고, 이것을 줄여서 '보살'이라는 호칭이 탄생하게 된다.

그리고 연등불 수기를 기점으로 '깨달음을 구하는 유정(보살)'으로서 붓다는 선행과 수행을 쌓게 되는데, 이렇게 해서 만들어진 자타카의 이야기는 불교 내부에서 새롭게 창작된 것도 있지만, 당시 인도에 있던 민화의 영웅담이 이용된 경우도 적지 않다. 우리나라의 단군설화나 원효스님 이야기 등 무엇이든 그 내용을 붓다의 본생으로 본다면 어떤 이야기든 자타카 속에 담아 바꿀 수 있는 것이다.

남방상좌부에서는 짧은 이야기에서부터 긴 이야기까지 전부 547개의 자타카가 만들어졌다. 북전자료에도 『자타카말라(Jātakamālā)』(산스크리트) 또는 『생경生經』(한역)이라는 독립된 문헌도 있으며, 율장 속에 인용되고 있는 별개의 자타카나, 반대로 율장에서 만들어진 자타카도 존재할지 모른다.

형식적으로 자타카는 현재이야기·과거이야기·연결의 3부로 구성된다. 현재이야기에서는 과거이야기의 도입이 되는 현재의 상황이 나타나며 '그러한 일은 과거에도 있었다'라는 과거이야기가 설해진다. 그리고 마지막의 연결에서는 과거이야기와 현재이야기의 등장인물이 똑같은 상황을 겪게 되는 흐름으로 되어 있는데, 이 중 메인은 과거이야기로 분량도 가장 많이 차지한다.

아바다나

자타카와는 별개로 아바다나(avadāna)라고 불리는 설화가 존재한다. 성립사적으로는 자타카보다 늦다고 여겨지지만, 자타카와 마찬가지로 그 발생경위나 「아바다나」라는 표현의 의미에 대해 아직 충분히 밝혀지지 않은 실정이다. 스기모토〔杉本 1993b: 25-27〕를 참고하여 자타카와 아바다나의 차이를 정리하면 다음과 같다.

(1) 예전에는 자타카가 아바다나를 포함하고 있었으나, 후세가 되면 반대로 아바다나가 자타카를 포함하게 된다. 원래는 과거이야기만을 다룬 것이 아바다나이고, 과거이야기의 인물이 현재이야기의 인물과 같은 일을 겪게 되는 경우는 자타카라고 불렀다.
(2) 자타카가 민화를 소재로 한 자연발생적인 이야기가 많은 것에 비해, 아바다나는 주로 창작된 전설로서, 기본적으로 불교적 교훈이나 가치관을 강하게 의식하여 만들었으며, 그것이 후기에 이르러서는 업보와 결합되게 된다.
(3) 자타카가 현재의 사건이 과거에서도 일어났었다고 하며 같은 일의 반복됨을 이야기하는 것에 비해, 아바다나는 현세의

상황을 과거의 업에서 찾는 것으로 선악의 관점에서 이야기되며, 자타카와 같이 단순한 사건의 반복을 설하지 않는다.
(4) 자타카에서는 현재이야기보다도 과거이야기가 중심이 되어 있는데, 일반적인 아바다나에서는 현재이야기가 중심이고 과거이야기는 부수적으로 설해지는 경우도 있다. 그리고 자타카의 주인공은 붓다이지만, 아바다나에서의 붓다는 조연으로 나오는 경우가 대부분인데, 주인공인 불제자나 불교신자의 업의 인과관계를 설명하는 역할로 등장한다.

그러나 이처럼 아바다나를 형식이나 그 내용에서 이해하더라도, 여전히 아바다나와 자타카에 관해서는 큰 문제가 남아 있다. 그것은 형식적으로 분명히 자타카인 이야기가 아바다나라고 불리는 경우가 있기 때문이다. 그래서 다음으로 이 문제를 설화의 '용도'라는 점에서 생각해 보겠다.

아바다나가 한역불전에서 '비유譬喩'라고 번역되는 점에 주목한 히라카와[平川 1989a: 101-140]는, 반야경의 주석서인『대지도론』에서 '아파타나(阿波陀那, 아바다나의 음사)'로 설명되고 있는 설화 6개를 찾아내 전부 교훈적인 비유로 사용되고 있는 점을 지적했다. 즉 누군가를 충고하거나 비구들 간의 다툼을 타이르려는 목적으로 사용된 설화가 아바다나라고 불린 것은 아닌지 추측했다.

그렇다면 형식적으로는 자타카여도 그것이 어떤 교훈적인 예시나 비유로 사용되었다면 아바다나라고 불려도 이상하지 않은 것이다. 바꿔 말하면 '형식적으로는 자타카로 보이는 이야기가 아바다나로서 기능한다'는 것이 된다. 바로 이 점이 '내용·형식'이라는 점에서가 아니라, '용법·용도'라는 점에 주목한 아바다나의 흥미로운 정의이다.

그러나 여기서는 아바다나를 편의적으로 '업보설화'로 다루고, 형식적으로는 자타카와 동일하게 현재이야기·과거이야기·연결의 3부로 구성되어, 업의 인과관계(혹은 업인과 업과의 대응관계)를 테마로 한 설화로 이해해 두겠다.

그리고 앞선 (4)의 설명에서 "아바다나에서의 붓다는 조연으로 나오는 경우가 대부분"이라고 설명했으나, 종종 붓다가 주연으로 나오는 아바다나도 존재하며, 이 타입의 이야기가 붓다와 업의 관계를 확인하는 데 상당히 흥미로운 내용이다.

2. 자타카에 나오는 붓다

토끼 본생 이야기

그럼, 구체적인 설화를 소개하겠다. 우리나라의 옛날이야기와 일본의 '콘자쿠 모노가타리(今昔物語)' 등에도 나오는 토끼 이야기다. 달에 토끼의 모습이 보인다는 설화는 아시아 전역에 있는데, 인도의 『생경』 제316설(Jā.iii 51 ff.)에도 이 이야기가 나온다.

슈라바스티(사위성)의 자산가가 붓다와 그를 따르는 오백 명의 비구에게 식사를 초대하여 칠 일간 식사를 비롯한 각종 편의를 보시했다. 그러자 붓다는 "우바새여, 그대는 기뻐해도 된다. 왜냐하면 이 보시라는 것은 오랜 현자들의 전통이기 때문이다. 예전 현자들은 초대한 걸식자에게 목숨을 버리며 자신의 육신까지도 베풀었다"고

하며 과거의 이야기를 했다.

이것이 과거이야기의 도입부가 되는 현재이야기의 앞부분으로, 이것을 토대로 전체 이야기에서 가장 분량이 많고 중심이 되는 과거이야기가 붓다에 의해 설해지게 된다.

아주 오래전 바라나시에서 브라흐마닷타(범어음사) 왕이 나라를 통치하던 시절에, 보살(붓다의 본생)은 토끼로 태어나 동료인 원숭이와 표범, 수달과 함께 숲속에 살고 있었다. 어느 날 토끼가 "보시를 해야 한다. 계율을 지켜야 한다. 재계일齋戒日의 수행을 실천해야 한다"고 말했다.

재계일을 앞둔 어느 날 토끼는 "내일은 재계일이니 우리 모두 계율을 지키고, 보시를 실천하면 큰 공덕이 있을 것이다. 걸식자가 온다면 자신의 음식을 남겨두었다가 그에게 보시해야 한다"고 서원을 세웠다.

동료들은 각각 자신들의 음식을 남겨두며 저마다 "때가 되면 보시해야지"라고 생각했다. 한편 보살인 토끼는 "내 곁에 오는 걸식자에게 나의 음식인 풀 따위를 보시할 수는 없다. 혹여 내 곁에 걸식자가 찾아온다면 내 몸의 고기를 보시해야겠다"고 생각했다.

이를 알게 된 샤크라(Śakra, 제석천)는, 이 토끼의 결의가 진심인지 아닌지를 확인하기 위해 바라문으로 변하여 세 마리의 동료를 각각 찾아갔는데, 수달은 물고기, 표범은 도마뱀 한 마리와 요구르트 한 개, 원숭이는 망고와 냉수를 각각 바라문에게 보시했다.

바라문은 마지막으로 토끼의 곁에 찾아가 음식을 구하자 토끼는 그에게 "저의 곁에 잘 와주셨습니다. 저는 지금까지 한 번도 해본 적 없는 보시를 하려 합니다. 당신은 장작을 모아 불을 피워주십시오.

제가 그 안으로 뛰어 들어갈 테니 제 몸이 익거든 그것을 드셔주십시오"
라고 말했다.

바라문이 그렇게 하자, 보살은 자신의 털 속에 있는 벌레가 휘말리지
않도록 세 번 몸을 털고 그 불 속으로 뛰어 들어갔으나, 그 불은
토끼의 털끝 하나도 태우지 않았다. 그러자 샤크라는 자신의 정체를
밝히며 "나는 바라문이 아니라 샤크라이며, 그대를 시험하기 위해
찾아왔다"고 고백했다.

그리고 토끼의 위업이 후세에 영원히 전해지도록 산을 눌러 산의
즙을 짜내어 둥근 달의 표면에 토끼의 모습을 그린 뒤 자신의 세상으로
되돌아갔다.

이상의 내용이 과거이야기다. 이것을 이어받아 마지막의 연결(과거
이야기와 현재이야기에 나오는 인물의 같은 상황)이 붓다에 의해 다음과
같이 설해진다.

「그때의 수달은 아난다(아난), 표범은 목갈라나(목련), 원숭이는
사리푸트라(사리불), 그리고 토끼의 현자가 나였다.」

언뜻 보면 별 다를 바 없는 설화이지만, 업사상이라는 점에서 이
설화를 다시 보면 특별한 이야기인 걸 확인할 수 있다.

본 책에서 거듭 살펴본 바와 같이, 육도윤회 중 지옥·아귀·축생(동
물)은 삼악취(삼악도)로 되어 있어 악업을 저지른 유정이 떨어지는
곳이다. 그리고 이곳에 떨어지면 그 업을 청산하기 위해 고과를 치러야
만 한다.

이 이야기에서 붓다는 토끼로 윤회하여 태어났기 때문에 그는 축생계에 있는 것이다. 그러나 축생계에서 고과를 겪는 것이 아니라, 오히려 올바른 보살행을 실천하며 악취라는 어두운 이미지가 전혀 느껴지지 않는다.

이는 붓다뿐만 아니라 아난다·목갈라나·사리푸트라도 마찬가지인데, 그렇기에 이 내용은 업과에 의해 악취에 떨어졌다기보다는 자신이 스스로 축생도로 가서 보살도를 실천한 것이라고 보인다.

다음 장에서 다루겠지만, 보살〔이 경우는 본생(붓다의 본생)의 보살〕이 자신의 의지로 악취에 떨어지는가 아닌가가 의론되며, 이 자타카가 전승되는 부파인 남방상좌부에서는 이에 대해 부정적인 태도를 취한다.

그러나 문헌에는 그렇게 명기되어 있지 않지만, 적어도 업보의 원리에 입각해서는 보살이 무리해서, 혹은 마지못해 축생계에 떨어졌다고 보기는 어렵다.

사슴왕 본생 이야기

빨리어 『생경』 제12설에 나오는, 붓다가 축생이었던 때의 이야기를 한 가지 더 소개하겠다. 여기서는 붓다가 사슴왕으로 등장한다. 앞부분의 현재이야기는 다소 내용이 길어 생략하고 과거이야기부터 시작하겠다.

아주 오래전 바라나시에서 브라흐마닷타왕이 나라를 통치하던 시절에, 보살(붓다의 본생)은 사슴으로 태어나 니야그로다라고 불리는 사슴왕으로 오백 마리의 사슴을 다스렸다. 또한 가까운 곳에 마찬가지로 오백 마리의 사슴을 다스리는 사슴왕이 있었는데 샤카라고 불렀다.

어느 날 왕이 사슴사냥에 빠지면서 사슴고기가 없이는 식사를 하지 않았다. 그 때문에 사슴사냥에 항상 마을과 부락의 사람들이 동원되었고, 그때마다 그들은 일상의 일을 할 수 없게 되었다. 그래서 그들은 방법을 강구하여 사슴 무리를 공원으로 몰아 가둔 뒤 맘에 드는 사슴을 골라 잡아먹으라고 왕에게 아뢰었다.

왕은 두 마리의 사슴왕에게는 안전을 보증하였으나, 다른 사슴들이 함부로 죽임을 당하는 경우도 있었기에, 보살인 사슴왕 니야그로다에게 그 상황을 보고하자, 니야그로다는 다른 사슴왕 샤카에게 말을 전하여 서로의 무리에서 돌아가며 하루에 한 마리씩 순번을 정해 나가자고 약속한다.

그리하여 서로의 무리에서 한 마리씩의 사슴이 왕에게 바쳐졌는데, 어느 날 임신한 샤카 무리의 암사슴이 그날의 순번이 되어 버렸고 "아기사슴을 낳은 뒤 나갈 테니 이번만 순번을 바꿔달라"고 부탁했으나 받아들여지지 않았다. 그래서 그녀는 니야그로다를 찾아가 간청을 했고 니야그로다는 그녀를 대신해 자신의 목숨을 희생하기로 한다.

요리사가 니야그로다를 보고 안전을 보장받은 사슴왕이 어째서 도축장을 찾아왔는지 의문을 가졌고, 왕에게 이 소식을 전하자 왕이 곧바로 찾아와 니야그로다에게 이유를 물었다. 그러자 니야그로다는 다음과 같이 말했다.

"왕이시여, 임신한 암사슴이 찾아와 '자신의 순번을 다른 사슴과 바꿔주십시오'라고 말했습니다. 그러나 저는 어떤 자의 죽음을 다른 자에게 넘길 수 없습니다. 그래서 저는 제 목숨을 그녀에게 주고, <u>그녀가 받아야 하는 죽음을 대신 받기 위해</u> 여기에 누워 있는 것입니다."

이 말을 듣고 감동한 왕은 "그러한 인내와 자비의 마음은 인간들 속에서도 찾아볼 수 없다"고 하며, 니야그로다와 임신한 암사슴뿐만 아니라 모든 사슴들의 안전까지 보증했다.

그리고 마지막의 연결에서 "그때의 샤카는 데바닷다, (중략) 왕은 아난다, 그리고 사슴왕 니야그로다는 나였다"고 설명한다.

이런 이야기 등은 밑줄 친 부분과 같이, 다음 장에서 다루는 '대승보살의 대신 받는 고통(代受苦)'과도 이어지는 이야기로, 축생인 사슴이 인간 이상의 인내와 자비심을 보이고 왕에게 자신의 잘못과 더불어 생명의 소중함을 일깨워 주었기에, 앞선 자타카와 마찬가지로 업보의 어두운 이미지를 한참 뛰어넘는 감동적 스토리로 마무리되고 있다.

바라문 아들의 본생 이야기(사신사호설화)

다음으로, 북전 자타카인 『자타카말라』에 나오는, 많은 사찰의 벽화에도 그려져 있는 유명한 사신사호捨身飼虎의 설화를 소개하겠다.

『자타카말라』는 굽타 왕조(4세기 전반~6세기 전반)의 산스크리트 작가인 아리아슈라(Āryasūra)가 만든 것으로 전해지는데, 각 자타카는 산문과 음문으로 되어 있으며 34개의 자타카가 담겨 있는데(히카타·타카하라〔干潟·高原 1990: ii-ix〕), 그중 제1설(Jm 1 ff.; 히카타·타카하라〔1990: 3-11〕)이 사신사호의 설화이다.

형식은 빨리의 자타카와는 다르게 과거이야기의 도입이 되는 현재이야기나 연결도 없고, 과거세에서의 보살의 위업이 격조 높게 작가인 아리아슈라에 의해 설해질 따름이다.

아주 오래전 보살은 바라문의 집에서 태어났다. 물질적으로는 풍요로운 생활을 했으나, 재가의 생활에 싫증을 느껴 출가해 어느 숲에서 지내고 있었다. 그의 행동에 감화된 숲의 동물들도 고행자처럼 행동했다.

어느 날 그는 제자인 아지타를 데리고 수행에 적합한 산의 동굴을 찾고 있었는데, 한 숲속에서 막 새끼를 낳은 어미 호랑이가 너무나 굶주린 나머지 갓 태어난 자신의 새끼를 먹으려 하는 모습을 보게 된다.

그것을 본 보살은 그녀의 굶주림을 달래기 위해 제자 아지타에게 음식을 구해오라 했으나, 그 후 "내 몸이 있는데, 무엇 하러 다른 자의 고기를 구하려 하는가"라고 다시 생각했다. 그리고 보살은 가까이에 있던 절벽에서 뛰어내려 자기의 몸을 어미 호랑이의 먹이로 보시해 어미 호랑이와 그 새끼까지 구하려고 했다.

굶주린 어미 호랑이는 절벽에서 떨어져 죽은 보살의 몸을 향해 달려갔다. 제자 아지타가 마침 되돌아왔으나 그때는 이미 어미 호랑이가 보살의 몸을 잡아먹고 있던 참이었다.

이것이 사신사호의 설화인데, 여기서 보살은 인간으로서 보살행을 실천해 축생(어미 호랑이)을 위해 인간의 목숨까지 희생한다는 점이 이 설화를 인상 깊게 하며, 또한 보살의 보시행을 한층 더 부각시키고 있다.

여기에도 자기희생형의 자타카가 설해져 있는데, 모든 자타카가 이러한 자기희생을 설하는 것은 아니다. 내용 중에는 재치 있게 어려운 상황을 벗어나는 이야기나, 유머 넘치는 이야기 등 다양한 내용이 담겨 있다. 다만, 대승불교의 '보살의 대신 받는 고통'를 생각한다면, 지금까지 소개한 자기희생적 설화에 주목이 간다.

거북이의 본생 이야기

마지막으로, 북전에 전해지는 자타카 중 근본유부율(설일체유부의 율장)에 나오는 자타카를 소개하겠다. 율장은 기본적으로 출가자가 지켜야 하는 계율을 모아둔 문헌이지만, 육법전서六法全書처럼 규칙만이 나열된 것이 아니라, 그 규칙이 제정되게 된 인연담因緣譚을 비롯해 계율을 따르게 하기 위한 교훈적인 이야기도 다수 존재한다.

그리고 현존하는 율장 중에서도 근본유부율은 그 설화의 수가 다른 율장과 비교해 가장 많다. 그럼, 그중에서 붓다가 과거세에 거북이였던 시기의 자타카를 살펴보겠다. 이 자타카(SBhV 16.30 ff.)는, 붓다가 현세에서 카운디냐(Kaundinya)를 비롯한 여러 신들을 구제한 것에 관해 과거세에서도 그러했다는 내용을 담고 있다.

아주 오래전, 보살은 큰 바다에 살고 있는 거북이의 무리 중 거북이왕으로 태어났다. 어느 날 오백 명의 상인이 큰 바다를 건널 배를 손에 넣어 바다를 건너가 외국에서 다양한 보석을 구해 되돌아오려 했다. 그러나 배가 거대한 물고기와 물고기 떼를 만나 난파하게 되었고 상인들은 절규하였다.

그 소리를 들은 거북이는 바닷속에서 얼굴을 내밀어 그들의 곁으로 다가가 "그대들은 낙담하지 말라. 내 등에 올라타라. 내가 그대들을 구해 주겠다"고 말했다. 그래서 그들은 전부 안심하고 거북이의 등에 올라탔다.

거북이는 그들을 데리고 해안을 향해 나아갔다. 거북이는 너무나 무거운 무게에 짓눌렸으나 온 힘을 짜내며 결코 포기하지 않았다. 상인들이 적지 않은 인원이었기에 거북이는 매우 지쳤고 결국 목을 길게 늘어트린 채 잠들고 말았다.

거기서 그리 멀지 않은 곳에 벌레의 보금자리가 있었다. 그곳에서 한 마리의 벌레가 나와 거북이의 냄새를 맡으며 다가갔다. 그리고 큰 거북이의 모습을 보고는 보금자리로 돌아가 팔백 마리의 동료들을 데리고 다시 거북이에게 다가갔다. 그리고는 마치 죽은 듯 꼼짝도 하지 않고 잠들어 있는 거북이를 잡아먹기 시작했다.

그의 단단한 몸을 뜯어 먹고 있을 때 거북이는 너무나 피곤하게 잠들어 있던 나머지, 자신이 잡아먹히고 있는 것조차 느끼지 못했다. 그러나 몸속 깊이까지 먹혔을 때쯤 간신히 정신을 차렸고, 자신의 몸 전체에 벌레들이 들러붙어 있는 걸 목격했다. "만약 몸을 움직이거나 털면 분명 벌레들이 죽게 될 것이다. (내 자신의) 목숨은 얼마든지 기쁘게 희생할 수 있으나, (다른 이들의) 목숨을 잃게 하는 건 본의가 아니다"라고 생각한 거북이는 조금도 움직이지 않고 벌레들에게 잡아먹히는 채로 있었다.

그리고 연결에서는, 처음으로 거북이를 발견한 한 마리의 벌레가 카운디냐, 그가 불러서 함께 온 팔백 마리의 벌레들은 팔백 명의 신들이었다고 설명한다.

여기서는 축생인 거북이(보살)가 많은 사람들을 구하고, 또한 그 이후에 벌레들의 먹잇감이 되어 자신은 목숨을 잃더라도 "몸을 움직이면 벌레들이 죽게 될 것이다"라고 생각해 벌레들의 목숨을 우선시한 것이 인상적이다. 이 내용은 '토끼 본생 이야기'에서 토끼가 불에 뛰어들기 전 자신의 털 속에 있는 다른 벌레가 휘말리지 않도록 몸을 털었던 것과 같은 의미로 상당히 대승적인 표현이다.

이상으로, 남전과 북전의 자타카를 살펴보았다. 이것을 업보의 원리 원칙으로 살펴보면 어떻게 될까? 이 정도의 선업 혹은 보살행을 거듭 쌓았음에도 결국 축생계로 윤회했다고 한다면, 붓다는 그것들을 뛰어넘을 정도의 악업을 쌓았던 것이 되기에, 이는 연등불로부터 수기를 받은 유정(보살)으로 걸맞지 않은 모습이 되어 버린다. 그리고 그것은 깨달음의 신격화에도 역행하는 것이 되어 버린다.

이처럼 자타카를 업보의 논리로 이해하기에는 큰 무리가 되기에 자타카는 업보와는 다른 차원, 즉 업보라는 '법의 입장'이 아니라 업보윤회설에는 입각하면서도, 업보를 초월한 '부처의 입장'에서 만들어졌다고 생각하는 편이 합당할 것이다.

3. 아바다나에 나오는 붓다

근본유부율에 설해진 붓다의 악업

이번에는 아바다나 설화에 나오는 붓다의 모습을 소개하겠다. 앞서 지적한 바와 같이 통상적인 아바다나에서는 주연이 불제자 혹은 불교신자로, 붓다가 주연인 경우는 붓다 자신이 현세에 경험한 고과를 자신의 과거세에서의 악업으로 설명한다. 따라서 붓다가 자타카와는 정반대의 입장으로 그려져 있다.

이러한 붓다의 악업에 관한 용례는 근본유부율 속에서만 13개 이상으로, 히라오카〔平岡 2002: 241-243〕의 연구를 근거로 붓다의 악업과 그 고과를 살펴보면 다음과 같다.

더불어 율장은 깨달음에 밑거름이 되는 계율의 조항(별해탈율의)과 교단운영에 관한 규칙(건도부)의 두 가지가 메인으로, 건도부는 테마별로 정리되어 있다. 다음에 제시하는 '약사藥事'는 출가자의 약품사용법에 관한 규칙을 정리한 부분이고, '파승사破僧事'는 파승(교단분열)에 관한 규칙을 정리한 부분을 의미한다.

> 약사(BhV 46.9 ff., 216.8 ff.)
>   흑업: 정등각자 비파시(Vipassī)의 제자들에게 폭언을 내뱉는다.
>   고과: 질 나쁜 보리를 먹는 처지가 된다.
> 약사(BhV 212.14 ff.)
>   흑업: 성인에게 상처를 입힌다.

고과: 지옥에서 고통받고, 금생에서는 외도 여인에게 거짓말로 상처받는다.

약사(BhV 213.11 ff.)

　　　흑업: 독각에게 거짓말로 상처를 준다.

　　　고과: 지옥에서 고통받고, 금생에서는 외도 여인에게 거짓말로 상처받는다.

약사(BhV 217.11 ff.)

　　　흑업: 푸드갈라(Pudgala)를 비난한다.

　　　고과: 6년간의 고행을 닦았어도 보리를 바르게 깨닫지 못했다.

약사(BhV 218.7 ff.)

　　　흑업: 치료비를 받지 못한 분풀이로 부적절한 약을 환자에게 준다.

　　　고과: 소화불량의 병을 앓는다.

약사(T.1448, xxiv 94a22 ff.)

　　　흑업: 재산을 차지하기 위해 산에서 돌을 떨어트려 이복형제를 죽인다.

　　　고과: 지옥에서 고통받고, 금생에서는 돌조각에 맞아 발가락을 다친다.

약사(T.1448, xxiv 94b18 ff.)

　　　흑업: 재산을 차지하기 위해 동료 상인의 배에 구멍을 내어 죽게 만든다.

　　　고과: 지옥에서 고통받고, 금생에서는 나무에 다리가 찔려 상처 입는다.

약사(T.1448, xxiv 94c10 ff.)

흑업: 질투심을 품어 독각에게 음식을 보시하지 않았다.

고과: 지옥에서 고통받고, 금생에서는 음식을 구하지 못한다.

약사(T.1448, xxiv 95a8 ff.)

흑업: 아라한인 형을 모욕하고 상처를 입힌다.

고과: 지옥에서 고통받고, 금생에서는 출산한 여인에게 거짓 비난을 받는다.

약사(T.1448, xxiv 95c11 ff; cf. T. 1451, xxiv 242a13 ff.)

흑업: 물고기가 죽는 걸 보고 즐거워한다.

고과: 두통으로 앓는다.

약사(T.1448, xxiv 95c25 ff.)

흑업: 왕의 군인과 싸움을 해서 허리를 부러트리고 죽게 만든다.

고과: 지옥에서 고통받고, 금생에서는 허리통증을 겪는다.

약사(SBhV 22.2 ff.)

흑업: 정등각자 카샤파(kāśyapa)에게 폭언을 내뱉는다.

고과: 6년간 고행만을 닦는 처지가 된다.

약사(SBhV 210.23 ff.)

흑업: 성인들의 무리를 분열시킨다.

고과: 자신의 승가가 분열된다.

사람을 죽인 붓다

그럼, 이 중에서 특히 붓다의 살인을 테마로 하는 아바다나를 소개하겠다. 붓다가 재산을 차지하기 위해 이복형제를 돌로 죽였다는 설화가 있다.

 어느 마을에 한 가장이 살고 있었다. 그는 한 여인과 결혼하여 남자아이를 낳았다. 그러나 그가 성장하던 중 어머니가 죽게 되었고, 그 가장은 다른 여인과 결혼하여 다른 남자아이를 낳게 된다.

 이후 가장은 장남을 위해 며느리를 맞이해 주었고, 장남 부부에게는 많은 아들과 딸이 태어난다. 그리고 얼마 지나지 않아 가장과 그 부인이 죽게 되었고, 가장의 차남은 장남 부부를 찾아간다. 그러자 장남의 부인은 그가 남편의 동생이지만 결혼도 안 했으면서 집안의 유산에 관해 절반의 상속권을 가졌다는 것을 알고 남편을 꼬드겨 동생을 죽이자고 부추긴다.

 처음에는 거부하였으나, 몇 번이고 거듭되는 부인의 말에 그만 설득되어 동생을 죽이기로 결심한다. 마을에서 죽이면 많은 사람들에게 알려질 수 있어 인적이 없는 황야에서 죽이려고 마음먹고, 동생에게는 꽃을 따러 가자고 속여 황야에 있는 동굴로 데리고 가서 동생을 돌로 때려죽이고 만다.

 이 내용을 대해 붓다는 다음과 같이 업의 인과관계를 설명한다. "그때 가장의 장남은 나였다. 나는 재산을 차지하기 위해 황야에서 동생을 때려죽였기에, 그 업의 과보로 몇십만 년이나 되는 긴 세월 동안 지옥에서 삶아지는 고통을 받았고, 남은 업으로 인해 금생에는 깨달음을 얻은 뒤에도 돌조각을 맞아 발가락에 상처를 입은 것이다."(Cf. 야오〔八尾 2013: 511-512〕).

 자타카 타입의 설화에 익숙한 사람에게 이런 아바다나 타입의 설화에 등장하는 붓다의 모습은 상당한 위화감이 느껴질 것이다.

무엇보다 붓다가 부인의 꼬드김으로 재산을 차지하기 위해 동생을 돌로 때려 죽였다는 내용이다. 자타카의 붓다라면 자신을 교사하는 부인을 설득하거나, 혹은 뛰어난 방편으로 그것을 피하고 부인에게 그러한 잘못을 깨우치게 하여 참회시키는 전개로 이루어졌을 것이다.

또한 붓다가 지옥에서 몇십만 년이나 고통받는 모습은 불교도로서 상상할 수 없는 이미지이지만, 근본유부율에서는 아무렇지 않게 붓다가 지옥에서 삶아지는 고통을 받았다고 설한다. 즉 아바다나 설화에서는 설령 붓다라고 해도 업보의 원리 원칙에서 자유로울 수 없으며, 악업을 저질렀다면 지옥에서 고통받고 발가락에 상처도 받을 수 있다고 한 것이다. 자타카가 부처의 입장이라면, 아바다나는 업의 입장에 서 있는 것이라고 볼 수 있다.

이 이야기 뒤에도 근본유부율에서는 또 다른 살인의 이야기가 나온다. 이때 붓다는 상인의 우두머리로 다른 상인 우두머리와 바다를 건넌다. 둘은 보물섬에서 금은보화를 손에 넣는데, 상대 우두머리는 차곡차곡 물건을 배에 쌓았지만, 그(붓다인 상인)는 대충대충 짐을 실었고, 결국 항해 중에 짐이 무너져 배가 가라앉아 버리게 되어 상대에게 태워달라고 간청한다.

그러자 상대 우두머리는 친절하게도 한 명분의 무게인 보물을 바다에 던져버리고 그를 구해 자신의 배에 태워줬다. 그럼에도 불구하고 그는 상대에게만 보물이 남아 있고 자신은 모든 걸 잃어 버렸다고 질투하며 배에 구멍을 뚫으려고 했다. 상대가 그것을 멈추려고 했으나 그는 상대를 창으로 찔러 죽여 버리고 만다.

이에 관해 붓다는 "이때 살인을 저지른 상인이 바로 나 자신으로,

그 업의 과보로 인해 몇 십만 년이라는 긴 세월 동안 지옥에서 삶아지는 고통을 받았고, 남은 업으로 인해 금생에 깨달음을 얻은 뒤에도 나무에 다리가 찔려 상처를 입게 되었다"고 한다. (Cf 야오〔八尾 2013: 512〕)

이 이야기도 재물에 대한 질투심에 저지른 붓다의 살인으로, 자타카라면 있을 수 없는 내용이다.

붓다의 악업이 의미하는 것

여기서부터는 이 문제에 관해 나미카와〔並川 2001〕를 토대로 살펴보겠다. 티벳역으로만 전해지는 정량부의 『유위무위결택有爲無爲決擇』 제32장에는 붓다의 악업과 그 과보에 관한 설이 나오는데, 전부 16개의 사례가 인용되어 있다고 한다.

이를 살펴보면, 그 악업은 폭언·악구·파승·살인·상해 등으로 교조인 붓다와는 인연이 없을 듯한 소행만이 나온다. 한역 자료로는 『흥기행경興起行經』이 붓다의 악업과 그 과보를 설하는 것으로 유명한데, 여기에는 앞에서 소개한 근본유부율에 나오는 붓다의 살인 이야기도 나오며, 전부 10개의 이야기가 담겨 있다.

그럼 어찌하여 교조인 붓다의 악업을 이렇게까지 상세하게 설하지 않으면 안 되었을까? 첫째는, 계율이 문란해진 것에 대해 기강을 세우기 위한 배경을 상정할 수 있다. 시대가 지나며 출가자의 문제적 행동이 눈에 띄게 되었고, 그것은 당연히 재가자도 예외는 아니었을 것이다. 그러한 상황을 개선하기 위해 교조인 붓다조차도 업보의 원리 원칙에는 벗어날 수 없다는 것을 보여주는 것이 억제력을 갖게 하진 않았을까 생각된다.

한편, 나미카와는 이 문제에 대해 다른 관점, 즉 두 종류의 열반설이라는 관점에서 접근하고 있기에 그 내용을 소개하겠다. 열반이란, 본래 깨달음의 경지를 나타내는 표현이지만, 시대가 경과함에 따라 열반이 두 종류로 여겨지게 된다.

바로 유여열반有餘涅槃과 무여열반無餘涅槃이다. 이때의 '여'는 '잔여殘餘', 즉 '육체의 잔여(남겨짐)'를 의미한다. 다시 말해, 유여열반이란 '육체가 남겨진 열반', 즉 35세에 깨달음을 얻은 뒤 80세에 입멸하여 신체가 사라질 때까지의 상태를 말한다. 반면, 무여열반은 붓다가 입멸하여 신체가 다비茶毘되어 육신 그 자체가 사라진 뒤의 상태를 말한다.

바꿔 말해, 유여열반은 '마음의 열반', 무여열반은 '심신心身의 열반'이라는 것이 된다. 그리고 당시의 불교도는 유여열반보다 무여열반을 절대시하여, 붓다의 깨달음을 위대하고 절대적인 것으로 만들려 했다. 마음은 해탈하였어도, 육체를 지니고 있는 한 상처나 병, 그리고 몸의 노화 등의 육체적 고통을 겪지 않으면 안 된다. 즉 육체를 지니고 있는 한은 완전한 상태가 아니라고 여겼던 것이다.

그리고 무여열반이 이상적으로 여겨진 것에 비하여, 유여열반은 상대적으로 가치가 낮은 열반으로 격하되어 버린다. 즉 깨달음을 얻었어도 육체라는 잔여를 지닌 붓다는 필연적으로 여러 악업의 고과를 감수하지 않으면 안 된다는 생각에 이르게 된 것이다.

앞서 소개한 근본유부율에 설해진 붓다의 악업의 과보(고과)를 보면, 명예훼손이나 파승과 더불어 소화불량이나 다리의 상처, 게다가 두통 등의 통증 등 신체적인 고통으로 여겨지는 것들이 상당히 많이 나오는 것도 이와 관련되어 있다.

나미카와의 관점은 두 종류의 열반이지만, 그 근저에는 육체라는 과거 업의 잔여가 문제시되고 있는 것이기에, 아바다나 타입의 설화는 '법의 입장'에 서서 붓다조차도 법의 지배하에 있다는 것을 설한 것이라고 볼 수 있으며, 같은 내용이라도 '부처의 입장'에 서 있는 자타카 타입의 설화와는 좋은 대조를 보인다.

제5장 대승불교의 업사상

1. 자업자득을 초월한 공사상

반야경과 공사상

'자업자득'을 중심으로 하는 업의 원칙은 어디까지나 행위자에게 그 행위의 책임을 묻는 엄격한 것이었다. 그러나 불멸 후 약 400년 정도가 지나며 인도에는 종래의 불교와는 상당히 결을 달리하는 불교가 생겨난다. 바로 대승불교이다.

전통불교와 대승불교는 여러 면에서 차이가 있는데 업사상도 그 예외는 아니다. 대승불교는 '큰 수레(탈 것)'를 표방하며 모두가 함께 '큰 수레'에 올라타 깨달음의 언덕에 이르는 것을 목표로 한다. 즉 자리自利만을 추구하는 것이 아니라 이타利他도 함께 추구하여 '자리이타원만自利利他圓滿' 혹은 '자리즉이타自利卽利他'를 이상적으로 여기는 것이 대승불교이다.

대승불교의 시대에는 많은 대승경전이 만들어졌는데, 그중에서도 가장 이른 시기에 만들어진 것이 반야경전이다. 반야경전의 중요한 주제 중 하나는 '공空'으로, 이 공사상은 다른 여러 대승경전의 사상적 토대가 되었고, 또한 업사상에도 크나큰 영향을 주게 되며 '자업자득'의 원칙에 큰 변화를 불러오게 한다.

'공'이란 불교의 근본사상인 '연기緣起'를 다르게 표현한 것으로, '연기하기에 공', 또는 '연기하는 것은 공'이라고도 한다.

일반적으로 '컵'이라 부르는 유리용기를 예로 들어보자. 물질적으로는 다양한 원자(극미極微)의 집합을 인연으로 하여 용기라는 물체가 생겨날 수 있지만, 이 원자들이 흩어지면 더 이상 유리용기는 존재하지 않게 된다. 즉 '공'인 것이다.

공이란 '영원히 변하지 않는 실체는 없다'는 의미로, 이른바 '공허'한 상태와도 같다. 유리뿐만이 아니라, 모든 물질은 다양한 원자의 집합체이기에 그것들이 모여 있는 동안에는 어떤 물질을 형성하고 있지만, 흩어지면 그 물질은 더 이상 존재하지 않는다.

다음으로 기능적인 면에서도 유리용기가 '공'이라는 것을 설명하겠다. 일반적으로 유리용기는 '컵'이라고 생각하지만, 그건 '물 등의 액체를 담는다'는 조건을 인연으로 하여 '컵'이라고 부르는 것뿐이지, 거기에 꽃을 꽂으면 그 물체는 꽃병으로 바뀐다. 또한 연필이나 볼펜을 넣어두면, 그 물체는 '컵'이나 '꽃병'이 아닌 '필통(혹은 연필꽂이)'으로 기능하게 된다.

이처럼 유리용기는 기능면에서도 실체가 없는 공이라고 할 수 있으며, 또한 반대로 공이기에 조건에 따라 '컵'이나 '꽃병', 혹은

'필통'도 될 수 있는 것이다. 이렇게 생각하면 '자업자득'의 원칙이 흔들리게 되는 걸 알 수 있을 것이다.

불이법문

공사상과 관련하여 '불이법문不二法門'을 설명해 두겠다. 이것은 반야경과 같은 계통의 대승경전인 『유마경維摩經』에 설해진 사상이다. 『유마경』이라면, 재가 거사인 유마가 출가자인 불제자들을 법담으로 몰아세운다는 유니크한 내용으로 유명하다.

이 내용이 나오는 것은 『유마경』의 클라이막스에 해당하는 마지막 부분이다. 유마거사가 보살들에게 "보살은 불이의 법문에 들어갔다고 하는데, 그 불이의 법문이란 어떤 것입니까?"라고 질문을 한다. 이에 대해 33인의 보살들이 차례차례 "불이란 ~이다"라고 각자의 생각을 피력한다.

불이는 '연기'나 '공'을 다르게 표현한 것으로, 가장 알기 쉬운 예가 종이의 앞뒷면이다. '앞장에 의해(앞장을 인연으로) 뒷장이 생겨나고, 뒷장에 의해(뒷장을 인연으로) 앞장이 생겨난다'이기에, 앞장과 뒷장은 단독으로 존재할 수가 없다. 즉 '앞장만인 종이'나 '뒷장만인 종이'는 존재하지 않기에, 앞장과 뒷장의 관계는 불이가 되는 것이다.

좌우, 위아래, 생사, 출입, 부모와 자식, 부부 등 서로 대립되는 개념은 전부 한쪽이 다른 쪽을 (그리고 다른 쪽이 한쪽을) 지탱해 주는 관계로 성립되어 있으며, 한쪽만으로는 존재할 수 없는 것이다. 그렇기에 불이不二가 되고, 주主와 객客의 관계도 불이인 것이다.

보살들은 다양한 말과 표현으로 이 '불이'에 대해 설명하였고, 마지막으로 문수보살은 "분명 그러하지만, 말로 표현한다면 두 가지의 대립하는 것이 되어 버린다. 그렇기에 불이란 말로 표현할 수 없다"고 대답한 뒤 "그럼 당신의 생각을 들려주시오"라고 유마를 몰아붙인다. 그러자 유마는 아무 말도 하지 않고 조용히 있었다.

이것이 '유마일묵여뢰(維摩一默如雷, 유마의 한 침묵이 우레와 같이 울린다)'라는 유명한 장면이다. 문수보살의 대답은 불이법문을 '말로 표현할 수 없다'고 말로 표현해 버린 것이 모순이지만, 유마는 같은 것을 몸으로 표현한 것이다. 말로 표현할 수 없기에(언어를 초월한 경지) 침묵하여 그것을 나타낸 것이다.

이런 에피소드와 별개로, 공과 불이의 사상은 자기와 타인의 경계를 애매하게 하여, 자신의 공덕이 타인에게, 타인의 공덕이 자신에게 옮겨간다는 회향의 사상을 낳게 되고, 자업자득을 초월한 사상으로 발전해 가게 된다.

그러나 이것은 모든 우주에 통용되는 연기의 이법(理法, 법칙)이 대승불교에 이르러 다른 이법으로 바뀌었고, 그에 따라 자업자득의 법칙도 바뀌게 되었다는 것은 아니다. 연기에 대한 해석(혹은 관점)만이 바뀌게 된 것이다.

전통불교에서는 시간의 축에 따라 자신의 존재를 보는 경향이 강한 것에 비해, 대승불교에서는 공간의 축에 따라 자신의 존재를 보는 경향이 강하다. 시간의 축에서 자신을 보면 어제(과거)의 나에 의해 오늘(현재)의 내가 있고, 오늘의 나에 의해 내일(미래)의 내가 있다고 여기기에, 자업자득은 자연스러운 사고방식이 될 것이다.

그러나 공간의 축에서 자신을 보면, 타인과의 관계성 속에서 자신이 발견되기에, 자신과 타인은 서로 영향을 주고받는 관계로 바뀌어 자업자득에 미세한 어그러짐이 발생하게 되는 것을 알 수 있다. 자업자득은 자연과학적 사실이 아닌 것이다.

회향 사상

다음으로 카지야마[梶山 1983b]를 토대로, 이 공(불이)이 업사상에 미친 영향에 대해 살펴보겠는데, 그 중심 키워드는 '회향'이다. 회향에도 내용전환과 방향전환의 두 종류가 있는데, 우선 내용전환의 회향부터 살펴보겠다.

예를 들어 다른 사람에게 재물을 주어 '보시행'이라는 선업을 행하거나, '생명을 죽이지 않겠다'는 서원을 세워 '불살생계'를 실천한다면 그 행위자에게 복덕(공덕)이 생긴다. 이는 미래에 그 행위자에게 어떤 낙과를 가져다주는 씨앗이 되어, 아무것도 하지 않아도 죽은 후에 천계에 태어나거나, 또는 인간으로 다시 태어나 장수를 누리는 낙과를 행위자가 받게 된다.

그러나 생천이나 장수가 분명 인간에게는 좋은 과보이지만, 불교도의 최종목표는 그러한 세속적인 과보가 아니라 깨달음을 밝히는 것에 있다. 그래서 깨달음을 추구하는 사람이라면 "생천이나 장수를 가져오는 선업까지도 깨달음의 종자가 되기를 발원한다"고 마음으로도 바라고 입으로도 빌 것이다. 그렇게 하면 생천이나 장수를 가져오는 선업이 깨달음으로 이끄는 선업으로 바뀐다. 이것이 내용전환의 회향이다.

모든 것은 공이기에, 그 선업에도 영원히 바뀌지 않는 실체 같은 건 없다. 그렇기 때문에 그 내용을 바꿀 수 있는 것이다. 이는 세속적 과보의 획득에서 출세간적 과보의 획득으로 목표가 바뀐 것으로 목표전환의 회향이라고도 할 수 있다.

이어서 방향전환의 회향을 살펴보겠다. 이는 아미타불의 자비에 여실하게 드러나 있다. 『무량수경無量壽經』에 의하면, 아미타불의 전신인 법장法藏보살이 세자재왕불世自在王佛 앞에서 48개의 서원을 세워 일체유정의 구제를 선언한다. 그리고 그 서원을 실현하기 위해 긴 세월에 걸쳐 수행을 쌓아 결국 깨달음을 얻고 현재 아미타불이 되어 서방에 극락정토를 세웠다.

『무량수경』은 다섯 개의 한역이 현존하는데, 그중 가장 오래된 『대아미타경大阿彌陀經』의 제5원에 "만약 전생에 있어 악을 행했더라도, 나의 이름을 듣고 나의 나라에 태어나고 싶다고 생각한다면, 내가 이곳으로 데리고 와 그를 깨닫게 하겠다"라고 되어 있다.

이처럼 법장보살은 악업을 저지른 사람일지라도 구제해 깨닫게 하겠다는 서원을 세워 육바라밀 등을 오랫동안 한없이 수행하고 실천하여 아미타불이 되었으나, 거기에 쌓인 수많은 수행이 자신의 '성불' 뿐만 아니라, 그 공덕을 일체유정에게 회향하여 그들을 성불시키겠다는 것이다. 이것이 방향전환의 회향이다.

즉 자신이 쌓은 수행의 공덕을 다른 사람에게 돌려 그 공덕을 다른 사람이 받게 하겠다는 것이다. 이것이 가능한 것도, 모든 것은 공이라는 사고방식이 토대에 깔려 있기 때문이며, 그로 인해 '자업자득'의 원칙이 무너지게 된 것을 알 수 있다.

이는 공덕을 받는 주인이 바뀐 것이기에 소유주전환의 회향이라고도 할 수 있다. 다만, 이 방향전환의 회향이 대승불교가 되며 새롭게 설해지게 된 것이 아니라 대승불교의 흥기 이전부터 그 조짐이 있었다.

대승불교 이전의 회향

이것을 처음으로 설한 사쿠라베〔櫻部 1974〕를 참고로 이 문제에 대해 살펴보겠다. 『아귀사餓鬼事』에는 전생의 악업의 과보로 인해 악취에 떨어져 여러 가지 고통에 시달리는 아귀(망자)가 어떻게 하면 그 고통에서 벗어날 수 있는가에 관해 설해져 있다. 이 중 회향 사상이 몇 가지 나오는데, 그 전형적인 패턴을 살펴보면 다음과 같다.

한 아귀녀를 가엾게 여긴 상인들이 그녀에게 옷과 음식을 보시하려고 하자, 그녀가 "그것을 나에게 직접 주셔도 그건 나에게 어떠한 은혜도 베푸는 것이 아닙니다. 아무쪼록 그것을 출가자에게 보시하여 그 과보를 나에게 되돌려 주십시오. 그렇게 한다면 나는 행복해질 겁니다"라고 이야기한다. 그래서 그들은 출가자에게 그것을 보시하였고, 그 과보를 그녀에게 되돌려 전해주자 곧바로 그 과보가 나타나 아귀녀에게 아름다운 옷이 입혀졌다.

이처럼 출가자에게 보시를 하여 그 과보를 보시자 본인이 받는 것이 아니라 아귀에게 되돌려주는, 즉 회향에 의해 그 과보를 아귀가 받게 된다는 것으로, 이는 분명 방향전환의 회향인 것이다. 사쿠라베는 대승불교 이전에도 자업자득의 원칙을 벗어난 용례가 있었던 것을 지적하고 있다.

그러나 이『아귀사』를 연구한 후지모토〔藤本 2006〕는, 아귀(녀)가 고과를 벗어나는 이야기는 "자업자득의 원칙을 벗어나지 않는다"는 참신한 제언을 하는데, 그 내용에 주목해 살펴보겠다.

그에 따르면, 아귀(녀)가 고과를 벗어나는 것은, 보시의 공덕이 회향되어 아귀(녀)에게 전해졌기 때문이 아니라, 다른 사람(주로 자신의 자손)이 행한 선한 행위(보시)를 아귀(녀) 자신이 '수희隨喜'했기 때문이라고 한다. 즉 그 수희라는 선업에 의해 아귀(녀)에게 공덕이 생겼고, 그 공덕의 힘에 의해 낙과가 나타난 것이기에 자업자득에 어그러짐은 없다고 한다.

언뜻 보면 매우 흥미로운 생각이다. 그러나 자업자득의 원칙이 존재한다면, 수희라는 선업의 과보로 낙과가 나타났더라도 그 직전의 고과를 가져온 악업은 사라지지 않는 것이 되기에, 악업과 고과의 상속에 선업의 과보로 인한 낙과가 중간에 끼어들어 간 것에 지나지 않으며 고과의 감수는 '일시정지'한 것이 된다. 그래서 이후 그 악업의 과보인 고과를 다시금 받지 않으면 안 되는데, 그에 관해서는 『아귀사』에 전혀 언급되고 있지 않다.

후지모토〔2007〕의 논지에도 일관성이 떨어진다. 다른 곳에서는 "업의 법칙은 선업으로 악업을 상쇄하지 못하고, 악업의 결과는 별개로 반드시 받게 된다"는 취지의 지적을 하며(후지모토〔2007: 186〕) 자업자득의 원칙을 강조한다고 생각되지만, 또 다른 곳에서는 "그 낙과가 아귀에게 생겨나, 지금까지 받았던 악업의 고과가 사라졌다", "악업을 탕감하기 위해서는 붓다에게의 보시가 필요하다", "아귀녀는 수희에 의해 오백 년간의 아귀로서의 죄업을 한 번에 없애고"(밑줄은 필자) 등으로도 설명한다(후지모토〔2007: 48, 79, 100〕). 도대체 그의 주장의 취지가 어디에 있는 건지 판단을 내리기가 어렵다.

『아귀사』에 등장하는 아귀가 생전에 저지른 악업은 주로 '인색'한 것이고, 고과는 주로 기갈과 의복의 결핍이다. 그리고 회향되어야 할 선업은 모두 출가자나 승가에 대한 '보시'이다. 『아귀사』를 만든 의도는 폐악수선을 토대로 불교의 가르침을 재가자에게 알기 쉽게 전달하려던 것을 부정할 수 없으나, 부정적 견해로 보면 다음과 같은 추론도 생겨날 수 있다(어디까지나 추론이다).

"인색하게 출가자나 승가에 보시를 하지 않는다면, 아귀로 태어나 기갈과 의복의 결핍으로 고통받게 된다. 조상에의 공양을 위해서도, 또한 자신이 죽은 뒤에 고통받지 않기 위해서도, 현세에 출가자나 승가에 보시해야 한다"라는 숨은 의도, 즉 당시의 승가가 대사회적으로 보시를 얻기 위한 전략이었다고도 해석할 수 있다.

그렇지 않다면 선업이 보시에 한정된 이유를 설명할 수 없다. 다른 사람의 선업을 수희하는 것이라면 지계持戒나 선정禪定 등의 다른 선업이어도 괜찮을 것인데, 출가자나 승가에의 보시 이외의 선업에 관해서는 전혀 설명되고 있지 않기 때문이다. 이에 관해『아귀사』의 앞부분에 나오는 세 개의 게송을 주목하여 살펴보면 충분히 알 수 있다.

(1) 아라한은 논밭과 같이, 보시자는 농부와 같이, 보시는 씨앗과 같이, 거기서 열매가 생긴다. (2) 이 씨앗·논밭·농작(의 열매)은 아귀 등과 보시자(양쪽)를 위한 것이다. 아귀는 그것(열매)을 받고, 보시자는 (보시가 가져오는) 복덕을 누린다. (3) 이번 생에 선을 실천하여, 아귀 등에게 공양하고 선업을 행하면, (보시자)는 천상에 태어나게 된다. (Pv. 1-3)

이 내용을 보면 분명히 알 수 있듯이, 아귀에게 직접 보시를 해도 소용없는 이유는 아귀가 논밭, 즉 복전(과보나 복덕을 낳는 밭)이 아니기 때문이다. 또한 지계나 선정이 안 되는 이유는 그것이 씨앗이 아니기 때문이다. 그리고 복전(아라한)에게 농부(보시자)가 뿌린 씨앗(보시물)이 열매를 낳고, '그 과(열매)를 아귀가 받는다'라고 명기되어 있기 때문이기에, 거기에 '수희'라는 선업은 필요 없는 것이다.

후지모토의 연구는 '자업자득은 불교의 대원칙이며, 그것은 틀리지 않았다(혹은 틀렸을 리가 없다)'라는 '전제' 하에 만들어진 이론이다. '가설'이라면 연구 도중에 변경할 수 있으나, '전제'는 변경할 수 없기에 이는 '연구자'라기 보다는 남전불교 '주석자'의 태도라고 말하지 않으면 안 될 것이다.

저금에 비유하면

이 두 가지의 회향을 저금에 비유하면 보다 이해하기 쉽다. 선업을 쌓는 것은 저금에 비유된다. 선업을 쌓는 것도, 돈을 저금하는 것도, 앞으로의 낙과가 늘어난다는 점에서 공통되기 때문이다. 돈이 쌓이면 집을 사거나 차도 살 수 있다. 이것이 내용전환의 회향이다. 혹은 집이나 차라는 세속적인 목적으로 돈을 쓰는 것이 아니라, 사찰에 보시하여 법회를 열어 자신의 성불을 위한 수행의 양식으로 바꾸는 것도 가능할 것이다.

그럼 방향전환의 회향은 어떤가? 이것은 저금을 기부나 보시 등으로 다른 사람에게 전해주는 경우이다. 자신이 모은 돈을 자신을 위해 쓰는 것이 아니라, 그것을 다른 사람에게 보시할 경우 다른 사람에게 있어서는, 특히 대출 등이 있는 사람에게는 그것으로 돈을 갚을 수 있기에 결과적으로 대출이 없어진다.

이와 마찬가지로, 악업을 쌓아 옴짝달싹 못하게 된 악인에게 아미타불이 쌓은 광대한 공덕이 회향되어, 그로 인해 악인이 과거의 악업을 상쇄할 수 있게 된다는 논리가 성립된다. 이는 자업자득의 원칙을 어기는 것이기는 하지만, 업의 인과론 그 자체를 결코 부정하는 것은 아니다.

그렇다면 저금과 대출의 비유를 했기에, 본론에는 조금 벗어나지만, 이를 토대로 업론의 입장에서 낙과와 고과의 의미에 대해 살펴보겠다. 선업은 저금으로, 악업은 대출로 비유된다. 그리고 저금을 사용해 즐기는 것은 낙과이고, 대출을 갚기 위해 어쩔 수 없이 일하는 것은 고과이다.

그러나 이 상황을 반대로 살펴보면 어떻게 될까? 풍요롭게 낙과를 즐긴다는 것은 분명 저금한 돈이 줄어들고 있는 것을 의미한다. 반면 어쩔 수 없이 일하며 고과를 경험하고 있다는 것은 착실하게 대출을 갚고 있는 것을 의미한다. 이렇게 생각하면, 낙과를 받는다는 게 반드시 두 팔 벌려 반길 만한 것도 아니고, 고과의 경험도 그렇게 기피할 만한 것이 아니다.

고과를 경험한다는 것은 그 이면에 악업이 그만큼 없어지고 있다는 것이기에 기뻐할 만한 것일 수도 있다. 이것이 불교의 업사상이 가진 긍정적인 면이다.

여하튼 공사상을 배경으로 '자신과 타인은 영향을 주고받는 관계에 있다'는 것이 대승불교의 자기이해의 전제가 된다. 공덕이 옮겨가기

전이라도 자신과 타인은 한쪽이 다른 쪽에 어떠한 영향을 '주고/받는' 관계에 있다는 것을 의미한다.

이는 인간에게만 한정되어 있는 것이 아니라, 무기물까지도 포함된 모든 존재가 연기적 존재일 경우 모두가 타인에 대해 어떠한 영향력을 가지고 있다. 공사상이 없이는 우리가 문학작품이나 영화를 볼 때의 감동이나, 2,000년 전에 만들어진 경전이 오늘날 우리의 마음을 움직여 불교에 귀의하는 일 등을 설명할 방법이 없다.

2. 정토교에서의 업의 문제

법장보살에서 아미타불로

'보살'이라는 명칭의 탄생에 관해서는 이미 앞장에서 연등불 수기를 통해 설명했다. 즉 연등불에게 성불의 수기(예언)를 받음으로써 '단순한 유정'에서 '깨달음을 추구하는 유정(sattva/satta)', 혹은 '깨달음이 확정된 유정'이 되어, 붓다는 금생에 깨달음을 얻을 때까지 보살로 불리게 된다.

그렇기에 보살은 본래 성도하기 전까지의 붓다의 호칭(고유명사)이었으나, 성불을 목표로 하는 대승불교는 붓다처럼 성불하기 위해서는 우선 보살이 될 필요가 있다고 생각했다. 그리하여 보살은 고유명사에서 보통명사화되며, 대승불교를 신봉하여 성불을 목표로 하는 자를 보살이라 부르게 된다.

그러한 보살의 삶은 붓다를 따라서, 자리(자기의 수행·자신의 행복)와 이타(타인에게의 자비행·타인의 행복)를 함께 닦는 '자리즉이타(自利卽

利他, 타인을 행복하게 하는 것이 자신의 행복)'를 이상으로 삼았다. 보살은 자신이 피안에 도달하는 것보다, 타인을 피안에 도달하게 하는 것을 우선시하기에 자기희생적인 이타행이 강조된다.

보살도 재가보살부터 출가보살, 그리고 출가보살 중에서도 보통의 출가보살보다 특별한 엘리트보살까지 그 종류가 다양하다. 그리고 현실적인 보살도 있지만, 관세음보살로 대표되듯이 상징적인 위치에 있는 보살도 경전에 등장한다. 그러한 보살의 대표적인 예가 정토경전 등에서 설해지는 아미타불의 전신인 법장보살이다.

그럼 『무량수경』을 토대로 아미타불이 법장보살이었던 때의 이야기를 살펴보겠다. 앞서 소개한 연등불보다도 훨씬 예전의 과거세에 세자재왕불이 출현했다. 그때 왕가에서 출가해 비구가 된 법장보살이 있었다. 그는 세자재왕불에게 자신이 보리심을 일으킨 것을 고백하고, 어떻게 하면 수승한 불국토를 건립할 수 있는가를 물었다.

그러자 세자재왕불은 그에게 긴 시간 동안 수많은 불국토의 수승한 모습을 상세하게 설명해 주었다. 그것을 들은 법장보살은 자신이 이상적으로 여기는 불국토를 실현하기 위해 세자재왕불의 앞에서 48개의 서원을 세웠다. 그 서원을 실현하기 위해 법장보살은 길고 긴 시간에 걸쳐 보살행을 실천하여 이윽고 아미타불이 된다.

법장보살이 세자재왕불 앞에서 서원을 세워 긴 시간의 수행을 하여 마침내 깨달음을 얻었다는 이야기는, 연등불 수기(석가보살이 연등불의 앞에서 서원을 세워 수행의 결과로 금생에서 깨달음을 얻어 부처가 되었다는 이야기)와 완전히 일치하는 내용이다.

즉 『무량수경』의 '법장보살과 세자재왕불'의 관계는 연등불 수기의

'석가보살과 연등불'의 관계로 바꿔볼 수 있기에, 아미타불은 붓다의 대승적 전개라고 이해할 수 있을 것이다.

법장보살은 서원을 세워 긴 시간에 걸쳐 상상할 수 없을 정도의 수행을 쌓아 아미타불이 되었다. 정토계의 모든 종파에서 가장 중요시 하는 제18원은 '십념+念을 했음에도 유정이 극락에 왕생하지 못한다면 부처가 되지 않겠다'는 서원인데, 법장보살이 아미타불이 되었다는 것은 이 서원이 성취되었다는 것을 의미하기에 '십념을 한다면 극락에 왕생할 수 있다'는 것이 된다.

이처럼 법장보살의 과거세에서의 엄격한 수행은 스스로의 '성불'로 결실을 맺은 것뿐만 아니라, 그 공덕이 유정을 성불시키는 힘으로 작용하고 있는 것을 알 수 있다.

보살로서 이타행의 사명을 다하는 것은, 자신의 엄격한 수행(자리)과 세트로 되어 있으며, 법장보살의 예를 통해 알 수 있듯이 어떤 의미에서는 평범한 유정들이 직접 실천해야 하는 행을 대신 (선수를 쳐서) 실천한 것이 된다. 그리고 이러한 개념은 뒤에서 다룰 '대신 받는 고통(代受苦)'으로 발전하게 되는데, 이렇게 생각하면 전통불교와 대승불교는 고통의 수용에 대한 방법에 있어 매우 대조적이라는 것을 알 수 있다.

전통불교에서는 전부가 아니더라도 고통이란 과거세에서 자신이 저지른 악업의 과보이지만, 대승불교의 보살사상에서는 타인이 받아야 하는 고통을 자신이 대신 받는 것이 이타행이라는 사명을 다하기 위한 요건으로 받아들여지게 된다. 즉 전통불교는 소극적 수용이고, 대승불교는 적극적 수용이라고 말할 수 있을 것이다.

정토교에서의 업과 평등

여기서 잠깐 정토교에서의 업과 평등의 문제에 대해 살펴보겠다. 대승불교에 속하는 정토교도 업보사상을 무시할 수 없다. 그러나 공사상에 의해 자업자득의 원칙이 완화되고, 내용전환의 회향과 방향전환의 회향이라는 새로운 전개까지 생겨나며, 세간적인 선업을 출세간적인 깨달음이라는 과보로 회향(내용전환의 회향)시키거나, 또는 자신의 선업을 타인에게 회향(방향전환의 회향)시킬 수 있게 된다.

그럼 정토교에서 업은 어떻게 여겨질까? 이 문제를 우선 그리스도교와 비교해 보겠다. 그리스도교는 전지전능한 유일신이 인간을 창조하였다고 설하기에, 신과 인간의 사이에는 넘을 수 없는 선이 존재하지만, '신이 창조했다'는 점에서 모든 인간들 사이에는 차이가 없다고 볼 수 있다.

또한 죄(원죄)에 관해서도, 인간의 선조인 아담과 이브가 저지른 죄를 그 자손이 이어받게 된 것이기에, 각 사람마다의 성격이나 신체적 특징에 차이가 있더라도 같은 죄를 공유한다고 여기기에, 죄라는 점에서도 모든 인간들 사이에는 차이가 없다. 그렇기에 '평등'이라는 관점을 이끌어 내는 것이 어렵지 않다.

그렇다면 정토교는 어떨까? 애초부터 정토교는 아미타불의 중생구제의 힘에 의지하고, 그 힘을 받아 극락왕생하는 것을 추구하는 불교이다. 즉 사람의 입장에서 우리의 업을 생각한다면 사람마다 그 업에 큰 차이가 있을 것이라 여겨지지만, 이것을 부처의 입장에서 본다면 그 차이는 전혀 문제가 되지 않는다.

예를 들어, 아기와 어른의 신장 차이는 대략 4배 이상이지만, 지구에 있는 이 두 명을 달에서 바라본다면 그 신장의 차이는 아무 의미도 없게 되는 것과 마찬가지로, 아미타불이 법장보살이었던 시절에 쌓은 수행의 공덕과 비교한다면 우리들이 쌓은 선업의 차이는 '없는 것'이나 다름없다.

그리스도교의 원죄와는 다르게 불교가 설하는 업(숙업)은 사람마다 다르지만, 정토교에서는 아미타불의 자비(중생구제의 힘)가 헤아릴 수 없이 거대하기에, 그에 비해 사람의 힘은 상대적으로 작아지게 된다. 그렇게 되면 각각의 사람이 가지고 있는 악업의 무게나 크기도 상대적으로 작아지게 되어, 모든 유정이 아미타불의 타력에 의지한다는 점에서 보면 '악인으로서 평등'이라는 것이 된다.

세상을 보는 견해에는 미시적 관점(인간의 관점)과 거시적 관점(부처의 관점)의 2가지가 있다. 미시적 관점에서 우리의 고락을 본다면 그 고락을 가져오는 선악업은 큰 문제가 되지만, 거시적 관점에서 본다면 우리가 경험하는 고락이나 선악업은 지극히 사소한 문제에 지나지 않는다.

이는 '인간의 입장에서 인간을 선인과 악인으로 구별하는 것'이 아니라, '부처의 입장에서 모든 사람을 자력으로는 깨달음을 얻을 수 없는 범부라고 여겨, 이들 모두를 아미타불의 구제 대상으로 삼은 것'을 의미한다. 이렇게 생각하면 '우리들은 저마다의 업이 어떻든 간에 아미타불의 앞에서 모두 범부로서 평등하다'라고 볼 수 있을 것이다.

3. 업의 사회성

연기를 어떻게 해석할까?

불교의 근본사상이 연기라는 점에 대해서는 누구도 반론하지 않을 것이다. 그러나 문제는 이 연기를 어떻게 해석하는가이다. 전통불교의 단계에서는 불교의 가르침을 네 가지로 집약하여 사법인四法印으로 설하였다.

(1) 제행무상諸行無常: 모든 원인에 의해 만들어진 것(행)은 상주(영원)하지 않는다.
(2) 제법무아諸法無我: 모든 존재(법)에는 영원불변의 실체(아)가 없다.
(3) 일체개고一切皆苦: 제행무상이나 제법무아를 바르게 인식하지 않는 한 모든 것은 고통이다.
(4) 열반적정涅槃寂靜: 제행무상과 제법무아를 바르게 인식한다면 마음의 평안(열반)이 얻어진다.

이 중 처음의 두 가지는 연기에 관한 항목으로, 제행무상은 연기를 시간적 측면에서, 그리고 제법무아는 연기를 공간적 측면에서 바꾸어 말한 것임을 알 수 있다. 어떤 의미에서 연기는 세계를 설명하는 원리이기에 시간과 공간의 전부에 응용할 수 있으나, 전통불교와 대승불교에서는 업에 관해 이 연기의 관점이 서로 다르다.

전통불교에서는 업을 시간적 연기에서 설명하려는 것에 비해, 대승불교는 공간적 측면까지 더해 설명하려 한다. 전통불교의 업론에서 살펴봤듯이, 개인의 존재를 시간을 중심으로 살펴보면 현재의 자신을 형성하고 있는 것은 과거의 업에 의해서이다. 즉 과거의 업을 인연으로 현재의 나의 존재가 생겨나고, 현재의 업을 인연으로 미래의 나의 존재가 생겨나게 되는 것이다.

이처럼 자기존재를 시간을 중심으로 바라보면, 거기에 다른 사람이 끼어들어 갈 곳이 전혀 없다. 그렇기에 '자업자득'이 중요한 원칙이 되고 개인적인 종교의 색채를 띠게 된다.

반면, 대승불교는 반야경의 영향으로 사상적인 면에서 '공空'이 주목되어 대승불교를 대표하는 가장 중요한 개념으로 정착되고, 이와 관련된 '불이不二'라는 법문도 『유마경』에 등장하게 된다. 즉 대승불교에서는 공간을 중심으로 한 연기가 전면에 나온다.

이 공간을 중심으로 한 관점에서 업사상을 전개하면, 나의 존재는 나 이외의 존재, 즉 무수한 타인과의 관계를 인연으로 생겨나게 되기에 나의 행위가 타인에게 영향을 주고, 반대로 타인의 행위가 나의 존재에 영향을 주게 된다. 그리하여 전통불교에서 중요한 원칙이었던 '자업자득'을 토대로 한 개인적인 종교의 측면은 뒤로 물러서게 되고, 그 대신 사회적인 종교의 측면이 전면에 얼굴을 내밀게 된다.

육바라밀에서 본 대승불교의 사회성

대승불교를 사상면에서 지탱해준 것이 '공'이라면 실천면에서 대승불교를 견인하는 것은 육바라밀六波羅蜜이다.

십선업도도 대승불교의 실천법이지만 이것은 전통불교에서 설해진 것이기에, 대승불교만의 독자적 실천법이라고 한다면 육바라밀을 꼽을 수 있다.

반면 전통불교에서는 다양한 실천법이 생겨나게 되어 최종적으로 37보리분菩提分으로 정리되지만, 그 중심은 팔정도이다. 초전법륜에서 설해진 실천법이며, 무루업으로서도 여겨지는 것이기 때문이다. 그럼 이 전통불교의 팔정도와 대승불교의 육바라밀을 비교해 보겠다. 괄호 안의 내용이 육바라밀에 대응하는 팔정도의 항목이다.

(1) 보시布施바라밀 → 대응 없음
(2) 지계持戒바라밀 → 정사유·정어·정업·정명
(3) 인욕忍辱바라밀 → 대응 없음
(4) 정진精進바라밀 → 정정진
(5) 선정禪定바라밀 → 정념·정정
(6) 지혜(智慧/般若)바라밀 → 정견

이렇게 두 가지를 비교해 보면, 팔정도에 대응하지 않는 육바라밀의 항목은 보시바라밀과 인욕바라밀인데, 이 두 항목이야말로 대승불교의 특징을 가장 잘 나타내는 것이다. 즉, 이 두 항목은 대사회적인 항목으로 대승불교의 사회성이 가장 두드러지게 나타나 있다.

타인에 대한 보시를 실천하는 것, 그리고 대승불교를 앞장서서 사회에 알리는 것에 많은 어려움이 있겠으나 그것을 참고 견디는 것(인욕)이 대승불교도에게 요구되며 실천의 항목으로 더해진 것이다.

타인에게 작용하는 면에서 보면, 그 행위(보시 등)가 자업자득의 원칙에 가로막혀 타인에게 전혀 영향을 줄 수 없다고 한다면 그것은 참으로 허무해진다. 그러한 작용의 면에 있어서도 자업자득의 원칙은 공사상에 의해 다시금 생각해 볼 필요가 있게 된 것은 아닐까 생각된다.

정토와 보살행

대승불교의 사회성을 다른 각도에서 살펴보겠다. 그것은 대승이 생겨나면서부터 등장한 정토淨土사상, 또는 정불국토淨佛國土사상이다. 정토란 일반적으로 '청정한 국토'의 의미이지만, '불국토를 청정하게 한다'는 의미도 있다. '불국토를 청정하게 한다'가 먼저이고, 그 결과로 '청정한 국토'가 생겨나는 것이다.

대승경전에는 다양한 정토가 나오는데, 그중 가장 유명한 것이 아미타불의 정토인 '극락(極樂, 또는 '안락安樂, 안양安養'으로도 한역된다)'이다. 즉 '정토'는 보통명사이고, '극락'은 고유명사이다. 극락 이외에도 아촉불阿閦佛의 정토를 '묘희妙喜'라고 한다.

일반적으로 정토라고 하면 유형적인 정토를 의미하지만, 이것을 무형적으로 해석하는 경전도 있다. 『유마경』은 "만약 보살이 정토를 건립하고 싶다고 생각하면, 반드시 그 마음을 청정하게 해야 한다. 그 마음이 청정해지면 불국토도 청정해진다"라는 유심론唯心論적인 정토를 설한다. 그러나 여기서는 유형적인 정토를 전제로 설명을 이어가겠다.

전통불교는 깨달음을 얻어 고통으로부터 해탈하고 윤회를 초월한 열반에 들어가 두 번 다시 태어나지 않는 상태에 이르는 것을 이상적으로 여긴다. 문제는 어디까지나 개인의 마음으로 귀결되고, 주변 환경

등의 외적 요인에 관심이 향하는 일은 거의 없다. 그러나 자신이 지내는 장소와 깨달음에는 깊은 관계가 있다.

예를 들어, 전통불교에서 육도윤회가 설해지고 있는 것을 앞서 살펴보았는데, 지옥·아귀·축생의 삼악취는 고통이 커서 수행할 수 있는 곳이 아니며, 그곳에서는 깨달음을 얻을 수 없다. 그러나 선취인 천계는 반대로 즐거움이 너무 많아 게으르게 시간을 보내 수행하려고 하지 않는다.

이러한 이유로 깨달음을 얻을 수 있는 곳은 선취 중에서도 인간계만으로 되어 있다. 초기경전을 봐도 인간계의 영역 이외에서 유정이 깨달음을 얻었다는 이야기는 나오지 않는다. 고통과 즐거움이 적당히 섞여 있는 인간계가 깨달음에 적합하다고 전통불교에서는 생각한 것 같다.

이것을 좀 더 생각해 보면, 인간계 이상으로 수행에 적합한 장소를 지향하는 생각이 생겨난 것도 이상하지는 않다. 게다가 공간을 중심으로 한 연기에서 생각한다면, 인간과 환경은 서로 영향을 주고받는 관계이기에 수행 장소는 중요한 테마가 된다. 그리하여 타방他方 불국토와 정토사상이 탄생하는 배경이 생겨난다.

다불多佛사상에 의해 붓다가 출현한 사바세계 이외에 부처가 머무는 장소를 설정하기 위해서는 타방 불국토를 인정해야만 한다. 그리고 부처가 머무는 장소는 청정해야 하기에 그 청정한 국토(정토)는 그곳을 건립한 부처가 쌓은 수행의 결과라고 보는 것은 자연스러운 이치이다. 이렇게 하여 대승불교의 정토사상이 꽃피게 된 것이라고 여겨진다.

호국사상과 공업

정토사상과 관련하여 호국(護國, 진호국가鎭護國家)사상에 관해서도 살펴보겠다. 이것도 대승불교의 사회성을 확인하는 데 있어 중요하다.

대승불교의 초기에 우선 앞서 살펴본 타방 불국토를 테마로 한 경전, 즉 『무량수경』이나 『아촉불국경』 등이 만들어진다. 전통불교 이후로 이 세상을 부정적으로 '사바(인토忍土)'라고 여기던 전통에서 생각하면, 사바와는 다른 이상적인 세상을 타방에서 구하려는 것은 자연스러운 것이다.

그러나 대승불교도 중기에 이르자, 그 반동에 의해서인지 사바세계를 안락한 곳으로 삼는 경전이 만들어지게 된다. 이것이 호국으로 언급되는 경전군, 즉 『금광명경金光明經』이나 『인왕반야경仁王般若經』 등으로, 여기서는 국왕이 이 경전을 중요시하며 육바라밀을 실천하고 정법으로 정치를 한다면 국가는 안락하게 된다고 설한다.

다만, 이것은 사람들의 선한 공업이 곧 국가의 안락을 가져오는 것이라기보다는, 우선 국왕이 경전의 강설을 행하고 그 경을 널리 전하여 국민들에 의해 불법이 실천된다면 신들이 그 국토를 수호해 준다는 형식을 기본으로 한다.

여기서는 국민을 대표하는 국왕의 역할이 매우 크며, 또한 직접적으로 국가의 안락을 가져오는 것이 일반적으로 신들(언급되지 않는 경우도 있고, 불·보살인 경우도 있다)이라고 되어 있지만, 그 토대를 살펴보면 국민 한 명 한 명의 선한 공업(불교의 신봉와 그 실천)에 이르게 된다. 경전은 이것을 공업과 관련지어 설하고 있지 않을지도 모르지만, 공업이라는 관점으로도 호국을 고찰해 볼 수 있을 것이다.

어찌 되었든, 대승불교의 사회성이 이 세계가 아닌 곳으로 향할 경우는 정토사상, 이 세계로 향할 경우는 호국사상이 된다. 어느 쪽이든 대승불교의 사회성을 구체화하고 있는 것이라고 여겨도 좋을 것이다.

다만 전자는 개인(여기서는 불·보살)의 행위(업)가 정토로서 결실을 맺어 사회에 크나큰 영향(많은 사람의 깨달음에 도움을 주는 것)을 주고 있는 것에 비해, 후자는 왕을 포함한 국민 모두의 업, 즉 공업에 의해 이상적이고 안락한 국토를 세우려고 한다.

그리고 타방 불국토의 극락정토를 설하는 것으로 유명한 『무량수경』에도, 사바세계에 대한 호국적 내용이 보이기에 주목하여 살펴보겠다. 이 내용은 『무량수경』의 후반에서 극락정토에 왕생한 자가 받는 이익을 설한 후, 그것과는 정반대의 사바세계의 참상이 '삼독三毒·오악五惡'으로 설해진다.

이 부분을 '삼독단三毒段, 오악단五惡段' 혹은 두 개를 합쳐 '삼독오악단'이라 하여 현존하는 『무량수경』의 한역 5개 중 오래된 3개의 역에서만 나타나며, 새로운 2개의 한역 및 산스크리트 원전이나 티베트역에는 존재하지 않는 점에서, 그 성립에 관해 오래전부터 수많은 의론이 제기되어 왔으나, 여기서는 그 점에 관해서는 논하지 않겠다.

이 삼독오악단이 설해진 뒤, 이러한 악세의 사바에서 붓다는 유정을 교화하고 자신이 유행한 모든 마을이나 나라에서 전부 그 가르침의 영향을 좋아하지 않은 경우가 없었다고 설한다. 그리고 그 결과 어떻게 되었는가에 대해 다음과 같이 설한다.

「천하는 화순和順하고, 해와 달은 청명하다. 비바람은 때에 맞춰 불어오고, 재해와 역병이 일어나지 않는다. 나라가 풍요롭고 국민은 안락하여, 무기를 쓸 일이 없다. (사람은) 덕을 숭상하고 인을 일으키며, 예의와 겸손을 부지런히 닦는다.(天下和順 日月淸明. 風雨以時 災厲不起 國豐民安 兵戈無用 崇德興仁 崇德興仁 務修禮讓)」(T.360, xii 277c13-15)

여기서는 『금광명경』이나 『인왕반야경』처럼 신이 나오지 않지만, 이 내용만을 보면 이 국토의 안락은 붓다 개인의 업에 의해 생겨난 것인지, 혹은 붓다의 교화를 받은 유정들의 선한 공업에 의해 생겨난 것인지 불분명하다.

만약 전자라면 극락으로 대표되는 타방 불국토처럼 붓다 한 명만의 업이 관여하고 있는 것이 되지만, 후자라면 사바세계라도 그 선한 공업이 사회를 이상적인 모습으로 변화시킨다는 것을 설하는 것이 된다.

이에 대해 나카무라(中村 1963: 344)는 "(이) 여덟 구절은 예로부터 종종 인용되던 구절로 유명하다. 도쿠가와 시대 진언종에서도 진호국가나 재앙을 없애는(除災) 기도에 이 여덟 구절이 사용되어 읊어졌다고 한다. (중략) 불교와 문화의 관계, 불교와 정치의 관계가 간결하면서도 힘 있게 담겨 있다"고 설명한다.

일본불교에 대해서는 다루지 않겠지만, 니치렌(日蓮)은 『입정안국론立正安國論』을 저술하며, 잇단 재해의 원인을 정법(『법화경』을 비롯한 대승경전)을 경시하고 그 이외의 사법(호넨法然의 전수염불專修念佛)을 믿는 것이라 하여 "정법에 입각한다면(立正) 국가는 안락해진다(安國)"고 설한다.

그중 제1단에서는 "정법을 등지고 악법에 귀의한다면, 선신이 나라를 버리고 성인도 가버려 악마와 귀신이 들어와 화를 불러온다"고 설하는데, 여기서도 국가의 안락을 직접적으로 가져오는 것이 선신이나 성인으로 되어 있다.

여하튼 이것도 공업이라는 관점에서 본다면, 정법을 소홀히 한다는 악한 공업은 나라에 재난을 불러오고, 정법을 중요시한다는 선한 공업은 나라를 안락하게 한다고 이해할 수 있기에, 업의 사회성 그리고 대승불교의 사회성을 생각하는 데 참고가 된다. 정교분리의 문제는 차치하고 창가학회創價學會가 정치를 통해 사회에 관여하는 것도 일리는 있다.

그리고 일본불교의 또 하나의 예로 에이사이(榮西)의 『흥선호국론興禪護國論』을 살펴보겠다. 책의 이름 그대로 '선을 일으켜 나라를 지킨다'는 의미로, "불법의 구주久住에는 계戒가 가장 중요하고, 지계는 선법 그 자체로 지계하는 사람이 있다면 모든 천이 그 나라를 수호한다"고 설하는데, 기본적인 내용은 『입정안국론』과 같다. 호국사상에 언급되는 대승경전이 이런 업을 '공업'이라고 명확하게 정립하고 있는 것은 아니지만, 특히 호국(진호국가)이라는 개념은 국민 한 명 한 명의 행위가 국가와 국토에 영향을 줄 수밖에 없기에 '공업'과 통하는 것이 있다. 이처럼 호국사상에도 대승불교의 사회성이 드러나 있다.

니치렌에 나타난 괴로움의 수용

일본불교의 니치렌이 언급되었기에 또 다른 예시로 그가 어떻게 자기 자신의 괴로움(苦)과 마주했는가를 타무라[田村 1980]를 토대로 소개하겠다. 타무라는 니치렌의 생애를 세 단계로 구분한다.

(1) 30대 시절: 현실긍정적 입장의 니치렌은 호넨이 현실부정적으로 정토를 내세의 피안에 대치시킨 것에 강한 비판을 한다.
(2) 40대 시절: 『입정안국론』을 저술하여 정부에 의견을 피력하지만 받아들여지지 않고 반대로 탄압을 받아, 현실에 대해 대결적으로 변한 니치렌은 현실을 혁신하여 불국토를 건설하겠다는 염원을 세운다.
(3) 사도佐渡로 유배를 갔다 온 뒤 니치렌은 죽음을 각오하며 현실을 부정·초월하여 영원한 정토를 사후의 내세에 세운다.

이처럼 니치렌이 세 번의 변화를 겪은 배경에는, 니치렌이 받았던 박해와 유배의 고난이 크게 영향을 주었고, 그것을 계기로 니치렌은 거듭되는 고난을 겪으며 왜 고난을 받아야 하는가라는 그 이유에 대해 성찰을 해나갔다고 타무라는 설명한다.

니치렌의 입장에서 생각해 보면 당연할 것이다. 왜냐하면, 그가 신봉하던 『법화경』을 따른다면 그 가호가 전해져 안락한 생활이 보장되어야 하건만, 어째서 『법화경』을 신봉하는 자신이 박해와 고난을 겪어야만 하는가라는 의문이 생긴 것이다.

그리하여 니치렌은 자신이 겪었던 고난의 이유에 대해 깊은 성찰을 한다. 특히 사도의 유배 중에 집필한 논서와 편지를 토대로 타무라는 니치렌이 찾아낸 고난의 이유를 (1) 죄업고罪業苦, (2) 말법고末法苦, (3) 무상고無常苦, (4) 대수고代受苦의 네 가지로 정리한다.

(1) 죄업고는 이 책에서 설명한 업사상이다. 니치렌은 고난의 이유를 자신의 깊고 무거운 죄업의 범부성凡夫性에서 찾았고, 겪어야 하는 고난은 과거의 죄를 씻어내어 미래의 청정한 복을 가져온다고 생각했다. 불교의 업사상을 있는 그대로 적용한다면 이러한 발상이 될 것이다.

(2) 말법고는 시대와 사회의 혼란에서 고난의 이유를 찾는 것으로, 일본에서는 말법이 시작한 시기라고 여겼던 1052년 이후에 태어난 니치렌이 말법악세의 사회혼란에서 그 이유를 구했던 것도 무리는 아니다.

(3) 은 사법인의 '일체개고'로 대표되듯이, 인간세계 그 자체가 유한적이고 무상하기 때문에, 집착을 근본성품으로 하는 인간은 고난을 받을 수밖에 없는 것이라고 니치렌은 생각했다.

이 중 가장 문제가 되는 것이 (4) 대수고(대신 받는 고통)이다. 이것은 전통불교에서는 찾아볼 수 없는 사고방식이다. 니치렌이 신봉하던 『법화경』의 법사품法師品과 권지품勸持品에 보살에게 일어나는 극심한 여러 박해가 나오고, 그 고난을 참고 견디는 것도 설해진다. 또한 참고 견디며 보살행에 힘써야 하는 것이 서원으로 되어 있고, 상불경보살품常不輕菩薩品에서는 보살행의 이상적 모델로 상불경보살이 설해진다.

니치렌은 이러한 『법화경』의 내용에 주목하여, 고난의 이유를 끝에 가서는 인난순교忍難殉教, 또는 대수고의 보살에서 찾는다. 그리하여 니치렌은 자신의 고통을 죄업고에서 시작하여 끝에는 대수고라는 대승보살의 정신으로 승화시킨 것이다.

똑같은 고통이어도 소극적 수용의 죄업고(전통불교)과 적극적 수용의 대수고(대승불교)에는 그 태도에 큰 차이가 있다는 것을 알 수 있다. 니치렌이 생각한 고통의 수용에 관한 깊이를 확인할 수 있는 매우 흥미로운 주제이다.

대승불교에 설해진 '대신 받는 고통'

『법화경』에서는 '고난을 참고 견디는 보살'의 모습이 그려져 있지만, 그렇다고 그것이 '대수고(代受苦, 대신 받는 고통)'라고 여겨지는 것은 아니다. 그래서 본 장의 마무리로 대승경전에 나오는 대수고의 용례를 앞의 타무라〔田村 1980〕를 토대로 확인해 보겠다.

우선은 대승경전 중에서도 초기에 성립되었다고 여겨지는 반야경 중 『대품반야경』 발취품發趣品 제20에는 다음과 같은 내용이 나온다.

「무엇으로 보살은 대비심에 들어가는가? 보살은 이처럼 생각해야 한다. 나는 중생 한 명 한 명을 위해 항하사의 겁 동안 지옥 속에서 계속되는 고통을 받을 것이며, 내지 이 중생이 불도를 얻어 열반에 들어가게 하겠다. 이러한 것을 이름하여, 일체 시방의 중생을 위해 고통을 견디는 것이라 한다.」(T.223, viii 258a13-16)

이에 대해 『대지도론』은 '한 명 한 명의 사람을 위해 무량겁 동안 대신 지옥의 고통을 받겠다(代受地獄苦)'(T.1509, xxv 414b12-13)라고 주석하는데, 여기서 '대수고'라는 표현이 명확하게 등장한다. 또한 『화엄경』(60권)에는 다음과 같은 내용이 존재한다.

「나는 반드시 일체중생을 위해 모든 순간, 모든 지옥 속에서 모든 고통을 받으며 마침내 생을 다하겠다. 나는 하나하나의 악도에서 미래겁이 다하도록 모든 중생을 대신해 무량한 고통을 받겠다(代諸衆生受無量苦). 무엇 때문인가 하면, 내가 오히려 혼자 고통을 받아 중생으로 하여금 모든 괴로움을 받지 않게 하겠다. 반드시 내가 이 몸으로 모든 악도의 중생을 구해주고 해탈을 얻게 하겠다.」(T.278, ix 634c21-22)
「일체중생을 대신해 모든 고통과 괴로움을 받기 위해(代一切衆生受一切苦毒) 대비심을 일으킨다.」(T.278, ix 634c21-22)

그리고 『청관세음보살소복독해다라니주경請觀世音菩薩消伏毒害陀羅尼呪經』에는 "또한 지옥에 돌아다니며 대비심으로 대신해 고통을 받는다(大悲代受苦)"(T. 1043, xx 36b17)는 내용이 나오는데, 이것이 '대비대수고'라는 정형적 표현으로 굳어진다.

게다가 『대반열반경(대승열반경)』에는 "모든 중생을 위해 생사에 머물며 온갖 고통을 받지만, 마음에 물러섬이 없다. 이것을 보살의 불가사의라고 한다"(T. 375, xii 804b14-15)라고 하여, 대수고가 보살의 불가사의한 특성이라는 점을 강조한다.

전통불교에서는 본생의 보살(붓다의 본생으로서의 보살)에 대해 "보살은 악취를 향해 나아가길 서원한다"고 설한다. 예를 들어 남방상좌부의 논장인『논사論事』는 남방대중부의 안타카(Andhaka)파의 설로 "보살의 자유의지를 행사하는 것에 의해 악취를 향해 간다"(Kv. 623.2-3)고 소개하는데, 남방상좌부에서는 삿된 설로 배척되고 있지만, 이러한 사상이 이미 존재하고 있었다는 것을 나타낸다.

또한『이부종륜론異部宗輪論』에는 대중부 계통의 설로 "보살은 유정을 요익饒益시키기 위해 악취에 태어나길 발원하며 마음에 따라 능히 머문다"(T.2031 xlix 15c10-11)고 소개되고 있다.

이러한 본생보살의 전통을 이어받아 대승불교에서는 이것이 보살의 일반적인 특징으로 부여된다. 이렇게 되면 업과에 의해 어쩔 수 없이 악취로 가는 것이 아니라, 자신의 의지로 그곳에 가는 것이 되기에 업보의 원칙이 여기서도 무너지게 된다.

이처럼 대승불교에서의 고통의 수용은, 전통불교처럼 부정적인 것이 아니게 되며 '보살로서 자신의 사명을 다하는 것'이라는 적극성을 갖춘 것으로 변화하게 된다.

제6장 업사상과 현대사회

1. 차별하는 사회

업보와 차별

세상에는 수많은 차별이 존재한다. 유대인이나 흑인으로 대표되는 인종차별, 지역차별, 장애인이나 성별에 대한 차별 등 그 종류도 다양하다. 이러한 차별의 문제에 불교의 업사상은 어떻게 마주할 것인가?

불교는 도덕적인 의미에서의 선인락과善因樂果·악인고과惡因苦果를 인정하고는 있지만, 그것이 극도로 강조되어 오용되면 업보윤회설은 차별을 조장하는 사상이 되어 버린다. 과거 동양에서 한센병을 업병이라 부르며 과거세에서의 악업에서 그 원인을 찾았던 역사가 있었다.

앞서 살펴보았던 것처럼 악업은 고과, 선업은 낙과라고 묶어서 설명한다면, 그것이 보편화되어 "그 사람이 고통스러워(즐거워) 하는 것은 과거세에서 어떤 악업(선업)을 쌓았기 때문이다"라는 이해를 암묵적으로 일으키게 한다.

이러한 업보사상이 사람들에게 받아들여지게 된 배경에는 불합리한 현실을 합리적으로 이해하려는 인간의 지성이 작용했다는 것은 앞서 살펴본 바와 같다. 생전이나 사후의 생을 전제로 하는 윤회를 인정한다면 분명 합리적으로 인생이 해석되지만, 한편으론 '차별화'로 빠지는 샛길도 생겨나게 된다.

이 전제에 빠지면 자동으로 '현세에서의 고통(즐거움)'이 '과거세에서의 악업(선업)'을 의미해 버리는 위험이 있기 때문이다. 즉 그 사람이 '현세에 고통(즐거움)을 받고 있다'는 것은 '과거세에서의 악업(선업)에 의해서이다'라고 해석할 수 있는 것이다.

불교의 업보윤회설은 즐거움을 받는 사람을 '과거세에 선업을 실천한 사람', 괴로움을 받는 사람을 '과거세에 죄를 저지른 사람'이라고 단정 지을 수 있는 위험성이 내포되어 있다. 그리고 업보윤회설은 불합리한 현실을 합리적으로 이해하는 것에 도움을 주는 한편, 이것이 오용될 경우 괴로워하는 사람을 '과거세에서의 죄인'이라 단죄하는 위험도 가지고 있다.

고통을 어떻게 수용할 것인가?

이 문제는 업보윤회설을 보편적(객관적) 법칙(사실)으로 보는 것에서 기인한다. 이 책에서 강조해 왔듯이 업사상에 관한 다양한 가르침은 고통의 수용에 이바지하는 것으로, 그런 점에 있어 주관적 사실로 받아들여 자신의 고통을 수용하는 경우에 한해서만 유효하다.
따라서 이것을 타인에게 넘기거나, 차별을 정당화하는 이론으로 사용하는 일 등은 있을 수 없는 것이다. 저 자신도 어떤 고통을 경험했을 경우 "뭔지 모르겠지만, 분명 과거에 그 원인이 되는 악업을 지었던 것이 틀림없다"고 생각하면, 체념이 되어 그 고통을 받아들이는 것에 어느 정도는 어려움이 줄어든다. 업보설은 어디까지나 자기 자신이 자신의 고통을 받아들이는 것에 있어 주관적 사실로 이용되어야만 하는 것이다.
그러나 이에 대해서는 다음과 같은 반론도 있을 것이다. 예를 들어 어떠한 차별로 인해 괴로워할 때 그것을 업사상에 의해 감수해야만 한다면, 그것은 차별을 긍정하고 차별이 있는 사회의 변혁을 부정하는 것이 되는 것은 아닐까라고 생각할 수 있다. 이는 어떤 고통을 겪는가에 따라 다르다.
예를 들어 분명히 자신의 악업에 의해 고과를 불러온 경우, 특히 살인을 저질러 처벌을 받게 된 경우라면 그 고과를 받을 수밖에 없다. 그러나 이것이 이유 없는 차별로 인해 고통받게 되는 경우라면 이야기가 다르다.
이에 대해서는 대승불교에서 설하는 대수고(대신 받는 고통)를 통해 확인할 수 있다. 업의 과보로 고통받는 것이 아니라, 자신이 타인을 대신해 그 고통을 받아들인다고 생각하고, 게다가 그러한 차별에 맞서는 것이야말로 보살인 자신에게 주어진 사명이라고 여기는 사고방식이다.
전통불교는 세속에서 출가하여 개인적인 깨달음을 추구하기에 세속이나 사회에 대해 적극적으로 관여하지 않으며, 무언가 문제가 생겼을 경우 그 원인을 상대방이 아닌 자신의 마음에서 찾아 자신을 바꿈으로써 그 문제를 해결하려 하기에 '체념주의'적 경향이 있다는 것을 부정하기 힘들다.

한편 대승불교는 자신만이 아니라 모두가 깨달음의 언덕에 이르는 것을 이상으로 삼기에 자연스럽게 사회성을 갖추게 되었고, '체념주의'도 벗어나게 된다. 고통의 본질을 정확하게 확인하여 어떻게 대처할 것인가가 중요하다.

불교의 본질은 평등주의

붓다가 여성에게도 출가를 허락한 것은 당시의 인도에서 획기적인 일이었으며, 또한 카스트제도가 사회통념이었던 인도에서 최하층 계급인 수드라의 출가자도 존재했었다. 즉 붓다는 인간의 가치가 '태어남'이 아닌 '행위(행동)'로 정해진다고 설했다. 이에 대해서는 『경집』에 다음과 같은 이야기가 나온다.

어느 날 바시슈타와 바라도바자라는 두 명의 청년이 '바라문'에 대한 논쟁을 하고 있었다. 바라도바자는 "'태어남'에 의해 바라문이 된다"고 주장하는 것에 반해, 바시슈타는 "'행위'에 의해 바라문이 된다"고 주장하며 논쟁이 끝나지 않았다.

그래서 두 명은 붓다를 찾아뵙고 판결을 내려주시길 청했다. 붓다는 초목이나 벌레 등은 태어남에 의해 달라지고, 태어남에 의해 특징이 생기지만, 인간은 태어남에 의해 특징이 달라진다고 할 수 없다며 다음과 같이 설한다.

「태어남에 의해 '바라문'이 되지 않고, 태어남에 의해 '바라문'이 될 수 없는 사람'이 되지 않는다. 행위에 의해 '바라문'이 되고, 행위에 의해 '바라문'이 될 수 없는 사람'이 된다.

행위에 의해 농부가 되고, 행위에 의해 장인이 된다. 행위에 의해 상인이 되고, 행위에 의해 사장이 된다.

행위에 의해 도둑도 되고, 행위에 의해 무사도 된다. 행위에 의해 수행자도 되고, 행위에 의해 왕도 된다.」(Sn 650-652)

카스트제도를 당연하게 여기던 당시의 인도에서 그것을 정면으로 부정한 것이기에 그 참신함에 놀라지 않을 수 없다. 아카누마[赤沼 1981: 392]는 붓다 재세 당시 승가의 출가자(비구·비구니)와 재가자(우바새·우바이)를 카스트의 4계급으로 정리했는데 그 결과는 다음과 같다.

	비구	비구니	우바새	우바이	합계
바라문	161	17	36	5	219
크샤트리아	69	28	22	9	128
바이샤	79	27	37	12	155
수드라	19	4	5	2	30
불분명	558	27	28	15	628
합계	886	103	128	43	1160

이 표를 보면 확실히 수드라 계급의 출가가 적다. 이 숫자를 어떻게 보는지가 중요한데, 이는 승단이 그들의 출가를 거부한 것이 아니라, 수드라 계급 사람들이 출가에 대한 인식이 낮았던 것이라고 보는

편이 낫다. 왜냐하면 만약 그들의 출가를 조직적으로 거부했더라면 그 숫자가 제로였어야 하기 때문이다.

그러므로 적어도 최초기의 승단은 카스트의 모든 계급에 열려 있었던 것을 알 수 있다. 그러나 시대가 지나며 출가에 여러 규제가 생기고 아무나 출가할 수 없게 되는데, 이에 관한 상세한 내용은 사사키[佐々木 1996]로 넘기고 여기서는 생략하겠다.

그 요인은 연기설

불교의 평등성을 사상면에서 살펴보겠다. 불교는 붓다의 개인적인 '깨달음'이라는 체험에서 발단하여 탄생한 종교로, 그 깨달음의 내용은 '연기'라고 여겨진다. 연기도 시간적인 측면과 공간적인 측면이 있는데, 여기서는 후자에 초점을 두고 그 특징을 확인하겠다. 연기란 '인연이 일어나는 것', 또는 '무언가를 인연으로 생기하는 것'을 의미한다.

앞서 소개한 것과 같이, 가장 알기 쉬운 예가 종이 앞뒷면의 관계이다. '앞면을 인연으로(앞면에 인연하여) 뒷면이 생겨나고, 뒷면을 인연으로(뒷면에 인연하여) 앞면이 생겨난다'는 것으로, 앞면 또는 뒷면만으로는 홀로 존재할 수 없다. 즉 앞과 뒤는 '등가等價'라는 것이 되며 우열을 정할 수 없는 것이다.

마찬가지로 부부의 관계를 생각해 보자. 남편은 부인이 없이는 존재할 수 없으며, 부인은 남편이 없이는 존재할 수 없다. 왜냐하면 결혼하지 않은 남자(여자)를 남편(부인)이라 부를 수 없기 때문이다. 결혼하여, 즉 남편의 존재가 있을 때 비로소 여자는 부인이 되고,

부인의 존재가 있을 때 비로소 남자는 남편이 된다. 즉 상호간에 한쪽이 다른 쪽을 성립시켜 주는 요인이 되어 주기에 양쪽은 등가이며 우열의 관계가 아니다.

이런 사고방식에서 부모와 자식의 관계도 등가가 된다. 부모와 자식 중 어느 쪽이 먼저인가? 보통은 '부모'라고 생각하고 싶지만 그렇지 않다. 왜냐하면 자식이 없는 남자를 아버지, 혹은 여자를 어머니라고 부를 수 없기 때문이다. 자식이 태어났을 때 비로소 남자는 아버지가 되고, 여자는 어머니가 된다. 부모에 의해 자식이 태어나지만, 마찬가지로 자식이 태어남에 의해 남녀는 부모가 된다. 즉 부모와 자식은 동시에 만들어지는 것이다.

자신과 타인, 남자와 여자, 노인과 젊은이도 모두 연기의 관계에 있으며, 한쪽이 다른 쪽을 (그리고 다른 쪽이 한쪽을) 지탱해 주는 관계로 존재하기에, 이러한 의미에서 모두 등가이며 우열의 관계가 아니다. 모두가 똑같이 등가로서 서로를 지탱해 주는 평등의 관계로 존재하는 것이다.

불교는 그리스도교와 같이 유일신을 내세우지 않지만, 불교의 근본 사상인 '연기'를 자신과 타인과의 관계에 비춰보면 자연스럽게 평등의 관념이 이끌어져 나오게 된다.

여성차별의 문제

업보사상과는 직접 관계되지 않지만, 차별의 문제를 거론했기에 여성차별의 문제에 대해 살펴보겠다. 현재의 인도는 남존여비사상이 극심한 나라로 유명한데, 고대의 인도는 오히려 그렇지 않았다. 이와모토

〔岩本 1980〕에 따르면, 베다 시대는 여성의 지위도 높았으며 여성 철학자도 있었던 것도 확인되지만, 브라흐마나 시대가 되면서 여성의 지위가 전락하고 부정을 가져오는 사악한 존재로 그려지게 된다.

힌두의 법전에 나오는 여성의 존재의의는 남자아이를 낳는 것으로 여겨지며, 당시의 사회는 어떻게든 부인의 부정함을 막고 남자아이를 낳게 할 것인가에 급급해 있었던 것만 같다. 그럼 그러한 인도 속에서 불교의 여성에 대한 태도는 어떠했는가?

본래 불교의 교단은 여성이 존재하지 않던 완전한 남성사회였다. 그러나 붓다의 양모인 마하파자파티가 출가를 원하였고, 아난이 그것을 청하면서 붓다가 여성의 출가를 허락하게 되었다고 한다. 그러나 그로 인해 정법이 멸하는 시기가 빨라지는데, 자료에 따라 다르지만 『빨리율장』 등은 그 시기를 오백 년이라 한다.(Nattier〔1991: 28-29〕)

또한 비구가 지켜야 하는 율장은 250계이지만, 비구니는 348계로 비구보다 그 수가 많게 되어 있다. 이러한 사실을 통해 불교가 여성차별을 하고 있다는 견해도 존재한다. 그러나 여성의 지위가 낮았던 당시의 인도에서 붓다는 여성에게도 출가의 길을 열어 주었다는 것은 분명 획기적인 일이었다.

그리고 실제로 깨달음을 얻어 아라한이 된 여성도 상당했던 것을 『장로니게長老尼偈』에서 찾아볼 수 있기에, '깨달음'이라는 불교의 본질에 관해서는 남녀의 사이에 어떠한 능력의 차이도 없었다. 그것은 다음의 『상응부』의 용례에도 분명히 드러나 있다.

여성도 남성도 그처럼 수레가 있다면, 그 사람은 그 수레에

올라타 반드시 열반(깨달음)에 다가갈 것이다.(SN i 33.13-14)

그렇지만 전통불교 후기의 시대를 거쳐 대승불교의 시대에 접어들자, 여성은 부처가 될 수 없다는 생각이 대두되기 시작한다. 그 이유는 붓다가 바로 남성이기 때문이라고 생각했으며, 이에 관련해 후세가 되면 또 다른 이유까지 붙게 되는데, 그것은 '32상'에 근거한 것이었다.

32상이란 부처와 전륜왕(轉輪王, 고대 인도인이 생각한 이상적인 왕)만이 지니는 32가지 신체적 특징을 말하는데, 그중의 하나로 음마장상(陰馬藏相, 말처럼 남근이 몸 안에 숨겨져 있다)이 있다. 즉 겉에서 볼 때 숨겨져 있어도 남근이 없는 한 32상을 완전히 갖출 수 없기에, 남성이 아니면 부처가 될 수 없다는 생각이 만들어지게 된 것이다.

그리하여 대승불교의 시대가 되면서 여성은 성불할 수 없다고 설해지게 된 것이라고 한다. 그러한 여성에게 성불의 가능성을 열어주기 위해 '변성남자變成男子'라는 방법이 만들어지게 된다. 이것에도 두 가지의 방법이 있어 『법화경』의 용녀龍女처럼 금생에 남성으로 변한 것과, 금생에 여성으로 죽은 뒤 내세에 남성으로 다시 태어나 성불한다는 것이다.

『무량수경』의 48원 중 제35원에서 "만약 내가 깨달음을 얻었을 때 두루 무량·무수·불가사의·무비·무한정의 모든 불국토에서 여성들이 나의 이름을 듣고 청정한 믿음을 내고, 또한 보리심을 일으켜 여성이었던 것을 싫어하였으나, (이 세상의) 목숨을 마친 뒤에 만약 다시금 여성으로 태어나게 된다면, 그동안 나는 무상정등각보리를 깨닫지 않을 것이다"(Sukh. 18.9-15)라는 후자의 입장을 취하고 있다.

이것은 현대인의 시선에서 본다면 여성차별로 이해되겠지만, 고대 인도에서는 여성이 수많은 차별로 괴로움을 받을 수밖에 없었다. 당시의 그러한 정황을 생각한다면, 그런 가혹한 운명으로부터 여성을 해방시키려 했던 시도를 꼭 '차별'이라는 관점에서만 판단할 것은 아니라고 생각된다.

2. 세습화되는 사회

태어남인가 행위인가

앞서 『경집』의 게송을 소개했는데, 거기서는 인간의 가치에 관한 붓다의 입장이 단적으로 나타나 있다. 붓다는 직업을 정하는 요인은 태어남이 아니라 그 행위에 있다고 선언하고 있다.

이것을 토대로 '인간의 가치는 행위로 정해진다'라고 할 수 있는데, 여기서는 그 내용을 담아 직업에 한정해 행위(행동)가 지니는 의미를 생각해 보겠다. 이것을 일반적으로 '태어남과 행위'로 구분하여 말한다.

세계에 존재하는 수많은 민족(인종)에는 각각의 고유 문화가 있다. 친족이나 가족관계를 통해서도, 예를 들어 유목민이나 농작민이라는 생활양식에 따라 큰 영향을 받을 수밖에 없으며, 종교의 영향도 무시할 수 없다.

특히 동양의 문화에는 유교의 '효孝'의 영향에 의해서인지 집안의 직업을 자식이 물려받는 것에 대해 별다른 문제가 없다고 생각한다. 이른바 세습이다. 정치계나 의료계 등에서는 그 집안의 자손들이 대대로 그 직업을 이어받거나 물려받으려 하기도 한다. 그중에서도 장인匠人의 문화가 있는 일본의 경우, 내각의 관료 19명 중 9명이 세습의원으로 그 비율이 무려 50%에 이를 정도로 세습의 문화가 강하다.

미국에도 2세가 세습의원이 되는 경우가 많지만, 그 비율이 5% 정도로 일본에 비할 것은 아니다. 이처럼 세습이라는 문화 속에서 '직업職業'이 '업'으로 이어진다는 것에 대해 다시금 깊이 생각해 볼 필요가 있다.

'마음'의 어원

불교에서는 인간의 가치를 결정하는 것으로써 업(행위)을 중시한다. 그리고 그 업은 삼업으로 말하면 '의업意業'이 가장 중요하다. 왜냐하면 신업이나 구업보다 앞서는 것이기 때문이다. 생각한 뒤에 행동하고(신업), 생각한 뒤에 말하기에(구업) 당연히 의업이 중요한 것이다. 『법구경』에 "모든 것은 생각(意)을 우선으로 하고, 생각을 첫 번째로 삼고, 생각에서 생겨난다"고 설하는 것은 앞서 소개한 바와 마찬가지이다.

그럼 이 '마음(心)'은 무엇인가? 인도어에 '마음'을 의미하는 단어가 몇 가지 존재한다. 대표적으로 '사(思 cetanā)', '의(意 manas/manasa)', '식(識 vijñāna/viññāna)' 등도 꼽을 수 있지만, 가장 일반적인 것은 바로 '심(心 citta)'이다. 이에 대해 「구사론」에서는 '심·의·식은 같은 의미'라고 정의되고 있다.

가장 일반적으로 쓰이는 '심(citta)'의 어원에는 두 가지의 설이 있는데, 첫 번째는 '생각하다(√cint)'이고, 다른 하나는 '쌓다(√ci)'이다.

'생각하다'라는 동사는 '마음'과 쉽게 이어지지만, '쌓다'는 '마음'과는 좀처럼 접점이 없어 보인다.

그렇지만 '쌓다'가 마음의 본질에서 생각해 볼 때 오히려 이해하기 좋다. 왜 '쌓다'가 '마음'의 어원이 되었는가는 '쌓다'라는 동사의 목적어를 떠올려 보면 그 해답이 보인다. 무엇을 쌓는가 하면, 바로 '업'을 쌓는 것이다. 즉 업이 거듭 쌓이는 것이 '마음'을 형성하게 되는 것이다.

사람은 태어나면서부터 수많은 업을 쌓고 쌓는데, 그 하나하나 쌓인 것이 그 사람의 마음을 형성하는 것이기에 자신이 행하는 그 어떠한 업도 소홀히 해서는 안 되는 것이다.

현대의 문제에서

카스트제도가 고대 인도에서 일반적이었다면, 붓다의 제언은 혁신적이었다. 그러나 이것을 그저 2,600년 전의 이야기로, 즉 지나간 과거의 일 정도로 지나쳐도 되는 것일까? 이에 대해 지금 현대를 살아가는 우리들이 생각해 볼 문제는 없는 것일까? 여기서 다시금 세습의 문제에 대해 생각해 보겠다.

현대사회의 세습에 대해 필자가 느끼는 위화감은, 그 직업이 반드시 행위에 의해 규정되지만은 않는다는 사실에 기인한다. 특히, 높은 전문성을 필요로 하는 직업(그로 인해 연봉도 고액인 직업)이 세습화되고 있다는 사실이다.

우선 정치인을 살펴보자. 세습의 확률이 높다는 것은 앞서 살펴보았으나, 그 자체는 문제가 아닐지도 모른다. 보다 중요한 문제는 정치인으로서 어떤 실적도 없는 사람이 출마해도 누구의 자식, 어떤 집안의 사람이란 이유로 표를 얻는 경우이다. 그리고 또 다른 문제는 그렇게 표를 얻어 당선된 사람이 정치인으로서 반드시 지녀야 할 '사명감'이 없는 것이다.

같은 문제가 의료계에도 있다. 사명감을 갖고 힘든 공부를 하여 의사가 되는 것은 이미 지나간 옛이야기가 되어 버렸다. 지금은 아이의 학력이 부모의 수입에 비례하여, 경제적으로 유복한 집안에서 자식에게 고액 과외나 유학 등을 시켜 의사를 만들거나 집안의 병원을 물려주는 등의 세습이 일어나고 있다.

그리고 아이의 경우도 사명감에 의해서가 아니라, 의사가 되면 많은 돈과 명예가 따라온다는 이유만으로 의과대를 선택하기도 한다. 그런 아이가 어떤 의사가 될지는 상상만으로도 걱정이 된다. 그리고 그 아이가 의사가 되어 고액의 수익을 얻게 되면, 다시금 자신의 자식에게도 똑같이 고액 과외 등을 시켜 자신과 같은, 아무 사명감도 없는 의사를 만들고 그것을 당연하게 여길 것이다.

미리 말해두지만, 세습 자체가 나쁘다는 것이 아니며, 그 일에 대한 사명감이 있다면 세습되어도 어떤 문제나 걱정도 없다. 그러나 이러한 구조가 자칫 아무 사명감도 없는 정치인이나 의사, 또는 기업가 등을 만들어 낼 위험성이 있다는 점을 잊어서는 안 된다.

마지막으로 불교계이다. 불교계도 언젠가부터 문중이나 사찰 중심으로 바뀌며, 어느 문중이나 누구의 상좌라는 이유로 주지 등의 소임이 세습화되고 있다. 이는 마치 일본불교에서 메이지 이후 그 집안에서 승려가 되고, 그 사람이 그 사찰의 주지를 당연하게 세습하는 것과 비슷한 모습이다. 승려는 정치인이나 의사보다도 그 '사명감'이 중요시되기에, 자칫 문중 등에 의해 사찰이 세습화된다면 '사명감'도 없이 사찰을 운영하여 불교에 큰 어려움을 초래할 수 있는 위험성이 있다.

고도의 전문성이 필요한 직업 중에서 그나마 건전하게 유지되는 것은 스포츠일 것이다. 스포츠계에서 2세나 3세가 유명세만으로 활약하는 것은 좀처럼 쉽지 않다. 야구나 축구 등에서 종종 2세들이 활약하는 경우가 있으나, 오히려 그 부모의 활약상과 비교되며 그 벽에 가로막혀 실패하는 경우가 더 많다. 물론 부모의 실력을 뛰어넘기 위해 수없는 노력을 하여 자신을 입증하는 경우도 존재한다.

전통문화나 전통기술의 전승 등, 세습에는 긍정적 측면도 분명히 존재하지만, 직업에 따라서는 세습이 오히려 악용되는 부정적인 측면도 있다는 것을 간과해서는 안 된다. (아라〔荒 2009〕)

자기 자신을 되돌아보다

그럼 끝으로, 업사상에서 현대의 세습화되는 사회를 되돌아보겠다. 태어남이 아니라 행위로 인간의 가치가 정해진다면 정치인·의사·기업가 등의 가치는 무엇으로 정해지는가? 당연히 그 대답도 '행위'일 것이다.

의학부를 졸업하고 국가고시를 합격했다는 것도 행위(업)이기에, 그 행위에 의해 '나는 의사다'라고도 말할 수 있다. 그러나 여기서는 한 걸음 더 나아가 의사가 된 이후 의사에 걸맞는 행위를 하고 있는가에 대해 돌아볼 필요가 있다. 즉 '나는 정말 의사로서 부끄럽지 않은(의사로서 본래 해야만 하는) 행위를 하고 있기에 의사다'라고 가슴에 손을 얹고 대답할 수 있는가? 이것이 훨씬 중요한 문제다.

저 자신도 대학의 교원으로서 항상 되돌아보는 일을 빼먹지 않으려고 한다. 그것은 "나는 대학교원으로서 일하고 있기에 선생인 건가? 아니면 대학교원으로서 마땅히 해야 할 행위를 하고 있기에 선생인 건가?"라고 자신에게 질문을 하는 일이다.

물론 하지 못하는 경우도 있지만, 이처럼 되돌아보는 기회가 없다면 자신을 개선할 기회조차 없게 된다. 붓다의 정신을 살린다면, 대학교원다운 행위를 하는 것에 의해서만 진정한 의미의 선생이 될 수 있는 것이다.

마찬가지로, 정치인도 선거에 당선되었기에 정치인인 것이 아니라 정치인다운 행위를 함으로서 정치인이 되는 것이며, 기업가도 그 집안에서 태어났기에 기업가의 자격을 얻는 것이 아니라 그 기업을 잘 이끄는 기업가다운 행위를 할 때 비로소 기업가가 되는 것이다.

현대사회에서 본래 사명감이 필요로 되던 일들이 세습화되며, 그 사명감이라는 것이 점차 가벼이 여겨지고 있다. 불교는 삼업 중에서 '의업'을 가장 중요시한다. 이 '사명감'이야말로 의업에 해당하는 것이기에 결코 가벼이 여겨져서는 안 된다. 이러한 의미에서도 세습화는 반드시 되돌아볼 필요가 있는 것이다.

3. 되돌아보지 않는 사회

선의 참회

직전에 '되돌아보는 것은 중요하다'는 이야기를 했기에, 이에 대해 다른 각도에서 다시금 생각해 보겠다. 앞서 살펴본 '칠불통계게'를 다시 떠올려 보겠다. 반복하는 것이 되지만, 우선 한역을 소개하겠다. '제악막작 중선봉행 자정기의 시제불교(諸惡莫作 衆善奉行 自淨其意 是諸佛敎)'라는 불과 16자의 교설로, 여기서 문제로 삼을 것은 제3구이다. 이 한역은 '자신의 그 마음을 청정케 하라'고 번역된다.

인도의 불전은 중국에서 몇 차례에 걸쳐 한역되고 수정이 이루어지는데, 이 내용도 예외는 아니었다. 삼장법사의 모델로 유명한 현장도 이 게송을 한역하였는데, 해당 부분의 산스크리트어인 'svacitta-paridamma'를 현장은 '자조복기심(自調伏其心: 자신의 그 마음을 조복하라)'고 번역한다. '정淨'에 해당되는 부분이 '조복調伏'으로 바뀌어 있는데, 원어 'paridamma'는 'to control'을 의미하기 때문에 현장의 번역이 오히려 정확하다고 할 수 있다.

이 해석에 근거하여 독자적 해석을 시도한 것이 일본의 불교학자인 야마구치 스스무(山口益)이다. 이후의 내용은 이치고 마사미치[一鄕正道 2001]의 내용을 토대로 설명하겠다. 현장 역에 근거하여 칠불통계게를 살펴보면 '악을 실천하지 않고, 선을 실천한다는, 그 자신의 마음을 다시금 확인하고, 그러한 마음을 정화하라'고 해석할 수 있다.

여기에 야마구치는 '선善의 참회'라는 사상을 이끌어낸다. 윤리나 도덕의 세계에서는 폐악수선이 목적이 되지만, 불교는 윤리나 도덕을 포함하면서도 종교이기에 그것에만 머무르지 않는다. 폐악수선의 '이후'가 보다 중요한 것이다. 그것이 '자조복기심', 즉 악을 범했을 경우 그 이상의 선을 실천하고 되돌아보는 참회가 필요하다고 말한다. 무슨 이유에서인가?

누구라도 선을 실천한 뒤에는 기분이 좋아진다. 상대에게 칭찬도

받고, 자기긍정감도 올라가기에 자기만족에 빠져 자신을 객관적으로 되돌아보는 일이 거의 없는데, 거기에 함정이 기다리고 있는 것이다. '선의 참회'을 처음 들었을 때 저는 '악惡의 참회'를 잘못 말한 것은 아닌가 생각했지만, 그 설명을 듣고는 고개를 끄덕이며 수긍할 수밖에 없었다. 그럼 구체적으로 선의 참회에 관한 용례를 픽션에서 한 개, 논픽션에서 한 개씩 소개하겠다.

야마모토 슈고로의 『비 그치다』

『비 그치다(雨あがる)』는 야마모토 슈고로(山本周五郎)의 단편소설이다. 2000년에는 구로사와 아키라의 유작 각본이자, 테라오 아키라 주연으로 영화화되어 화제가 되기도 했다. 그 스토리를 간단히 소개하겠다.

배경은 1700년대(享保) 에도 시대. 주인공인 미사와 이헤이(三澤伊兵衛)는 검의 달인이지만, 솔직하고 온화한 성격 탓에 좀처럼 출세하지 못하고 있었다. 사무라이로서 보다 인간답게 살아가고자 했던 이헤이는 우직할 정도로 미련한 사람이었으나, 그것이 주인공의 매력이기도 하다.

그러한 성격 때문에 누군가의 곤란한 모습을 보면 그냥 지나치지 못했다. 어느 날 고갯길을 지나가던 중 마부들이 사무라이들과 다투고 있는 모습을 본다. 사정을 들어보니 사무라이들이 말을 사용했음에도 돈을 낼 수 없다고 하여 마부들이 난처해하고 있었다.

그 이야기를 들은 이헤이는, 사무라이가 약한 자를 괴롭히는 짓을 용서할 수 없었다. "나는 이런 자들이 제일 싫다. 칼을 차고 있으면서

약한 자를 괴롭히다니, 이는 분명 진짜 사무라이가 아닌 사기꾼일 것이다. 게다가 돈도 없는 자일지도 모른다"라고 마부들에게 말한 뒤, 싸움을 건 사무라이들과 한바탕 소동을 일으켰다. 그러나 이헤이는 검의 달인이었기에 단 한 사람도 다치지 않게 하며 사무라이들을 도망가게 했다.

여기까지의 스토리를 보면 이헤이의 행위는 틀림없는 선업이겠지만, 여기에는 후일담이 있다. 며칠 뒤 같은 고갯길을 걷고 있던 이헤이는 이상한 광경을 목격한다. 고갯길에 마부들은 없고, 마부의 아이들이 여행객의 짐을 나르는 일을 하고 있었다.

이유를 묻자, 아이들은 부모가 밖으로 일을 나올 수가 없는 상황이라고 했다. 만약 밖으로 나오면 사무라이들에게 극심한 괴롭힘을 당하기 때문에 모두 집에 숨어지낸다고 했다. 즉 사무라이들의 보복이었던 것이다. 아이들이 말했다.

「아저씨 때문이다. 아저씨는 좋은 사람이라고 아버지도 다른 사람들도 그렇게 말한다. 나쁜 사람이 아니라고. 하지만 쓸데없는 짓을 저질러 버렸다고 한다. (중략) 다툼이 있었을 때 잠자코 있었으면 좋았을 것이다. 그럼 돈은 손해봤더라도 이렇게 복수를 당하지는 않았을 거다. (후략)」(야마모토〔2008: 232-233〕)

바로 억지 선의善意이다. 좋은 일을 했을 때만큼, 그것이 정말 좋은 일이었는가를 겸허히 반성하지 않으면 안 되고, 그 행위를 하기 전에도 그 영향에 대해 깊이 생각해 볼 필요가 있는 것이다.

나카보 코헤이의 『죄 없이는 벌하지 않는다』

다음으로 소개할 것은 현실의 세계에서 실제로 일어났던 예이다. 1980년대 말부터 1990년에 걸쳐 일본 전역은 버블경제로 들떠 있었다. 그러나 버블(거품)은 언젠가 꺼지는 것. 1991년에 버블경제는 붕괴되었고, 더불어 수많은 고액 불량채권이 발행되었는데, 이때 주택금융채권관리기구의 사장으로 취임하여 그 불량채권의 회수에 온 힘을 쏟은 것이 변호사였던 나카보 코헤이(中坊公平)였다.

그는 그 이전에 세계전쟁 이후 최대 사기 상법이라 불린 토요타(豊田) 상사에서 파산관리인과, 모리나가(森永) 유업의 비산 우유 중독사건의 피해자 구제의 변호단장을 역임한 인물이다. 그럼 그의 저서에서 그 예를 살펴보겠다. 변호사로서 자신의 커리어를 시작한 그는 지인으로부터 다음의 이야기를 듣고 자신도 모르게 납득되었다고 한다.

「변호사라는 것은 일본에서 생긴 직업이 아니라 유럽에서 생겨난 것이다. 게다가 유럽에서는 변호사와 의사, 신부(목사)는 "전문직업"이라 불리며 주위로부터 그 일 한 가지만 해서는 안 된다고 주의를 받았다. 왜냐하면 이 직업들은 사람의 불행으로 돈을 버는 일이기 때문이다.」(나카보〔1999: 63〕)

여기서 소개된 직업은 전부 다른 사람에게 불행한 일이 생겼을 때 필요해지는 희한한 일이다. 여기의 신부(목사)는 불교의 승려와도 같은 것이다. 이 이야기를 듣고 깊은 생각에 빠진 나카보는, 이후로 변호의뢰자에게 구체적인 선임비를 청구하지 않게 되었다고 한다.

자신이 금액을 정하는 것이 아니라 그 사람이 주는 만큼의 보수만 받게 된 것이다.

이런 식으로 변호사의 일을 해가던 나카보가 모리나가 유업의 사건을 담당하게 되었다. 나카보의 노력으로 피해자와 국가와 모리나가 기업의 삼자가 원만한 합의를 하였고, 사건의 소송도 서로가 화해하며 종결될 수 있었다. 그는 한 피해자의 어머니를 몇 차례나 직접 찾아갔는데 그녀는 그때마다 그에게 현금을 주었다.

가난한 집이었음에도 매번 5천 엔이나 주려 했던 그녀에게 "돈 벌려고 오는 게 아닙니다"라고 하며 되돌려주었는데, 그녀가 받으려고 하지 않자 일단 받아두고, 나카보 자신을 위해 그 돈을 쓰지 않고 그녀의 아이가 기뻐할 만한 선물을 백화점에서 산 뒤 그녀가 눈치채지 못하게 그녀의 집으로 배송을 보냈다.

이 이야기는 눈물 날 만한 미담일까? 적어도 나는 그렇게 생각했다. 감동에 젖은 채로 다음의 내용을 보게 되면 그 감동이 뿌리째 사라져 버리게 된다. 그 내용은 다음과 같다.

그러던 어느 날 집에서 지하철역까지 걸어가려는데 그녀가 나를 배웅해 주었다. 해질녘 우리는 어깨를 나란히 하며 걸어가고 있었다. 그런데 갑자기 그녀가 혼잣말로 이렇게 말했다.
"선생님은 우리같이 가난한 사람들의 돈은 받아주지 않는구나."
내 자신이 무슨 일을 저질렀는가에 대해 나는 암담한 심정에 빠졌다. 이 모든 것이 내가 아직도 위의 시선에서 그들을 내려다 보고 있었던 것이었다. (나카보〔中坊 1990: 116〕)

이 이야기에서도 선의 참회, 즉 좋은 일을 했다고 생각했을 때 반드시 되돌아볼 필요가 있다는 것을 알 수 있다.

아주 세세한 부분까지

임상심리학자인 카와이〔河合 1998〕는 자원봉사 활동에 관해 마찬가지의 지적을 한다. '선행'을 하고 싶은 사람에게 가장 곤란한 일은, '좋은 일을 하고 있다'고 생각하며 그로 인해 생겨나는 민폐에 대한 자각이 희미해지는 것이라고 한다.

예를 들어, 한 자원봉사자가 노인복지관을 찾아가 노인이 요구하는 대로 무턱대고 친절을 베풀면, 그 노인도 기뻐하며 어리광을 부리게 되지만, 그러면 상대적으로 시설의 사람이 해주는 대응이 차갑게 느껴지며 불만을 말하게 되어 버린다. 그렇게 되면 그 시설의 사람은 자원봉사자가 반갑지 않게 되고, 시설로부터 방문을 거절당하게 될지도 모른다. 그리고 그런 행동을 한 노인도 갈 곳을 잃게 되어 모두가 좋지 못한 결말을 맞이하게 된다.

노인이 이것저것 요구를 할 적에 그것에 곧바로 응하는 것이 정말 좋은 일인지에 대해 깊이 생각해 볼 필요가 있다. 그렇지 않으면 좋은 일이 결코 그렇지 않게 되어 버릴 수도 있고, 나아가 피해를 주는 일이 되어 버릴 수도 있다고 카와이는 설명한다. 그리고 카와이는 영국의 시인인 윌리엄 블레이크(William Blake)의 말을 소개한다.

「다른 사람에게 선을 베풀려는 사람은 아주 세세한 부분까지 행동하지 않으면 안 된다.」

그리고 카와이는 선진국의 대외원조에 대해 언급한다. 우리나라도 그 전형적인 나라인데, 개발도상국의 지원이라 하며 거액의 돈을 원조한다. 그것은 그걸로 충분히 좋은 일이라고 할 수 있지만, 과연 그 돈이 정말 좋은 일에 사용되고, 그 돈에 의해 그 나라가 자립할 수 있는 원조가 이루어졌는가에 대해서까지 신중하게 검토한 뒤 지원을 해야 하는 것이다.

4. 책임지지 않는 사회

괴로움의 구조

불교를 이해하기 위한 중요한 키워드 중 하나는 '고(苦, 괴로움)'이다. 왜냐하면, 불교는 괴로움으로부터의 해탈을 목표로 하는 종교이기 때문이다. 그렇기에 괴로움과 맞서는 것이 무엇보다 중요하다.

　그럼 그 괴로움이 어떻게 생겨나는가를 살펴보겠다. 괴로움에는 어떤 보편적인 구조가 있다. '이렇게 하고 싶다는 욕망'과 '그렇게 되지 못한 현실'이 겹쳐질 때 괴로움이 생겨나게 된다.

　예를 들어, 다이어트를 하고 싶은 사람에게 있어 '체중을 40kg까지 빼고 싶은 욕망'과 '60kg에 멈춰 있는 현실'의 차이, 즉 20kg의 차이가 무거운 괴로움이 되어 덮쳐온다. 또는 '영원히 살고 싶다는 욕망'과 '반드시 죽을 수밖에 없는 현실'이 겹쳐질 때 죽음이 괴로움으로 느껴지게 된다.

　그럼 괴로움을 없애기 위해서는 어떻게 하면 될까? 대답은 의외로 간단하다. 그 차이를 없애면 된다. 어떻게 없앨 수 있는가 하면,

그 방법은 두 가지이다. 다이어트를 예로 들면, 첫 번째는 다이어트로 60kg인 체중을 40kg까지 빼면 된다. 이것은 현실을 바꿔 욕망을 충족시킨다는 방법이다. 두 번째는 60kg인 것에 만족하는 것이다. 이것은 욕망을 버리고 현실을 받아들이는 방법이다.

괴로움을 해소하기 위해서는 이 두 방법밖에 없으나, 죽음에 대한 괴로움을 해소하는 방법은 한 가지밖에 없다. '태어난 존재는 죽는다'는 현실은 바꿀 수 없기에, 죽음의 괴로움을 벗어나기 위해서는 죽음이라는 현실을 받아들이는 방법밖에 없다. 붓다도 이 방법을 선택했다.

과학기술과 불교

여기서 잠깐 과학기술과 불교(종교)의 차이에 대해 살펴보겠다. 이 두 가지는 모두 '괴로움의 해소'라는 점에서 공통된다. 그러나 그 방법이 대조적이다. 즉 앞서 말한 '현실을 바꿔 욕망을 충족시킨다는 방법'을 취하는 것이 과학기술이고, 반면 '욕망을 버리고 현실을 받아들인다는 방법'을 취하는 것이 종교이다.

예를 들어, '보다 빠르고 편하게 목적지에 도착하고 싶다'는 욕망이 과학기술에 의해 자동차나 열차, 비행기 등을 만들어 냈다. 또한 자신의 상태를 다른 사람에게 빠르게 전하고 싶다는 욕망이 과학기술에 의해 전화나 인터넷, 스마트폰을 탄생시켰다.

이처럼 과학기술 발달의 이면에는 '보다 편리하게, 보다 쾌적하게'라는 멈출 줄 모르는 인간의 욕망에 휘둘리고 있는 자아(에고)가 숨겨져 있는 것을 알 수 있다.

그렇게 과학기술이 발달되며 점차 편리하고 쾌적한 세상이 되고 있지만, 그것을 뒤집어 보면 그만큼 인간의 욕망이 강해지고 있다는 것을 의미하며, 그에 따라 자아(에고)도 점차 커지고 있다는 것을 알게 된다면 결코 즐겁지만은 않다. 과거부터 지금까지 인간의 욕망이 점차 강해지고 있다면, 현재에서 미래로 시점을 바꿀 경우, 인간의 욕망은 더욱 강해질 것이며 자아가 지나치게 커진 세상이 되어 갈 것이라는 걸 쉽게 상상할 수 있다.

현재와 과거를 비교해 볼 경우, 우리나라는 확실히 미국과 같은 소송사회가 되어 가고 있다. 소송사회가 되면 지금까지 억울한 일로 잠 못 들던 사람들이 법적으로 자기의 권리를 주장하기 쉬워지고, 불이익을 해소할 수 있는 평등한 사회를 실현시킨다는 플러스적인 면도 분명히 존재한다. 반면 뭐든지 소송을 걸고 그 위자료를 챙기려고 하는 마이너스적인 면도 생겨날 수 있다.

최근 몇 년 사이 극성부모의 존재가 화제에 오른다. 정말 부당한 일로 학교에 소송을 거는 경우도 있지만, 그중에는 도가 지나친 경우도 적지 않다.

예를 들어 "자신의 아이가 다쳐서 학교를 쉬게 되면, 다치게 한 아이도 결석처리를 시켜라", "학부모끼리 사이가 안 좋으니 우리 아이를 다른 반으로 보내달라", "학교 교육이 형편없으니 학교 주변도 형편없다" 등으로 소송을 거는 경우도 있다고 한다. 그러나 욕망만을 충족시키고 자아가 비대해진 사회라면 이러한 극성스러운 부모가 생겨나도 전혀 이상하지 않다.

진화론적으로 보면, 극악무도한 사람은 사형 등을 집행 받아 그 유전자를 후세에 남길 수 없었으며, 또한 존경받는 사람은 자신의 목숨을 희생하여 다른 사람을 구했기에 이 사람도 그 유전자를 후세에 남기는 것이 어려웠다. 그렇다면 '적당히 착한 사람과 적당히 나쁜 사람'의 유전자가 살아남기에 적당하다. 현재의 우리는 그 '적당한 사람'의 후예인 것이다.

그러나 그 '적당한 사람'도 미래적으로 본다면 자아가 커진다는 악한 면이 강해질 것이다. 자아의 비대화는 자기중심화와 세트이기 때문에 크고 작은 여러 면에서 빈번하게 충돌을 일으킬 것이 틀림없다. 그럼 그러한 사람이 일으키는 문제에 관해 무표업의 관점에서 살펴보겠다.

결과가 나올 때까지 업은 끝나지 않는다.
무표업은 '밖으로 드러나지 않는(눈에 보이지 않는) 행위'라고 설명했듯이, 원인이 되는 행위가 어떤 결과를 가져오기 전까지는 잠재되어 있어 밖으로 드러나는 일이 없다. 이 무표업이라는 관점에서 현대사회의 문제점을 지적한 것이 불교학자인 나미카와〔並川 1998〕이다. 이후로는 이를 토대로 그 요점을 정리하겠다.

"인간사회에 나타나는 현상은 모두 인간의 행위에 의해 일어난다는 생각이 모든 사고의 대전제"라는 나미카와는, 행위의 규범이 혼란해진 현대사회의 모든 문제의 원인도 전부 인간의 행위로 귀결시킬 수 있다고 한다.

그러나 행위의 선악은 상대적 판단에 의한 것이고, 또한 시대나 지역의 차이에 따라 큰 영향을 받기에 그러한 가치판단은 위험할 수 있다. 정말 문제로 삼아야 하는 것은 '행위와 책임의 지속성이라는 행위의 원리에 관련된 내용'인 것이다. 즉 무표업의 중요성에 착안한 것이다. 그리고 다음과 같은 지적을 한다.

현대사회의 혼란의 원인은 전부 인간의 행위로 귀결된다고 했는데, 특히 그 병의 원인에 행위과 그 책임의 지속성이라는 사고방식이 완전히 결여되어 있다. 거기에는 행위의 윤리성이나 인과율을 찾아볼 수 없고, 자기의 행위와 그 책임과의 사이에 어떤 필연성도 존재하지 않는 상황만이 드러나 있다. 자기의 욕구에 따른 자기중심적인 행위는 그 자체로 완결되어 버리며, 그 행위가 일어나는 모습에 어떤 책임도 느끼지 못하는 것이다. 무책임한 행위는 자각을 하든 안 하든 자신에게 쌓이게 되고 무책임한 자신을 만들어 내는 것이다.

환경문제나 사회문제 등의 여러 문제의 원인은 행위가 그 결과와 동떨어져 행위가 그 자체로 완결되고, 그 행위가 가져오는 결과에 책임을 느끼지 못한다는 사고방식에 기인한다고 나미카와는 지적한다.

앞서 거론한 개발도상국의 지원문제나, 기업의 이익우선에 따른 환경문제의 원인, 세금의 낭비와 비판받는 공공사업투자의 문제 등 어떤 것을 막론하고 '뭔가 했으면 그걸로 끝, 뒷일은 나 몰라라'라는 식의 태도가 현대사회의 혼란을 초래했다고 말할 수 있을 것이다.

이를 벗어나려면 "결과가 나올 때까지 그 행위는 끝난 것이 아니다"라는 의식을 갖는 것이 중요하다. 그렇게 된다면 "그 행위의 결과까지 확실히 살펴보며 신중하게 행동해야 한다"라는 자각이 생기게 된다.

책임은 그 행위의 결과가 출현하기 전까지 지속된다. 눈에 보이지 않는다고 해서 무표업을 무시한다면 큰일을 겪게 된다.

동일본대지진을 어떻게 생각하는가?

환경문제, 특히 환경파괴의 문제는 무표업이라는 점에서 크게 재검토되어야 한다. 매일 광대한 산림이 사라지고, 이산화탄소 배출로 인해 지구 온난화가 가속화되면, 그러한 인간의 무표업은 내일의 언젠가에 되돌릴 수 없는 결과를 인간에게 가져올 것이다.

그리고 자연재해는 어떠한가? 최근에 벌어진 일로 역시 동일본대지진을 빼놓을 수 없다. 이에 관해 무표업으로 논하기 이전에 공업共業이라는 관점에서 우선 살펴보겠다. 동일본대지진은 어느 특정 사람들(일본 동북지방의 사람들)이 동시에 경험하였기에, 이를 공업의 결과로 파악할 수 있다.

그러나 이 대재앙으로 목숨을 잃은 많은 분들, 그리고 소중한 사람을 잃은 사람들이 과연 이러한 개념에 동의할 수 있을까? 절대 받아들일 수 없을 것이다. 왜냐하면 이러한 결과의 원인은 과거세의 악업을 전제로 하기 때문이다. 아마도 "우리들만이 도대체 무슨 나쁜 짓을 저질렀다는 것인가!"라는 원망의 목소리가 쏟아져 나올 것이다.

앞서 지적한 바와 같이, 이는 업보사상이 오용될 수 있는 함정이며, 이를 보편적 법칙으로 여겨 괴로워하는 사람들에게 이해를 강요한다면 잔인한 차별사상이 될 수도 있다.

그렇다면 이 괴로움을 어떻게 받아들여야 할까? 여기서 필자는 대승불교의 '대신 받는 고통(대수고)'에 주목하려 한다. 즉 지진피해자들을 '보살'로 보고, 본래라면 우리들도 겪었어야 할 괴로움을 우리를 대신해 받아준 것이라고 여기면 어떠할까?

동일본대지진의 경우, 지진이나 쓰나미는 자연재해라고 보더라도, 후쿠시마 원자력발전소의 사고는 분명히 사람에 의한 재해이다. 우리들은 과학기술을 사용해 욕망을 충족시키며 쾌적하고 편리한 생활을 영위해 왔다. 대량생산과 대량소비를 위한 회사만을 발전시켜 온 것이다. 그 결과 우리들의 사아가 극도로 부풀려지게(inflate) 되어 버렸다.

그리고 터진 원자력발전소 사고. 이것이 무엇을 의미하는가를 보다 진지하게 생각해 봐야 한다. '신'이나 '우주적 의미' 같은 것이 아닌 불교의 업론에서 논하면, 이는 우리들의 업이 일으킨 것이고, 그 결과 우리들이 '괴로움'을 경험하고 있는 것이기에, 그것을 무표업의 이론에서 살펴보면 지금까지의 삶의 방식이 '잘못된 것'이 된다. 즉 우리는 지금 앞으로의 삶의 방식에 대한 변화를 강요받고 있는 것이다.

그리고 그 변화를 몸으로써 우리들에게 보여준 것이 보살로서 지진피해를 입은 이들이라고 할 수 있지 않을까? 그럼에도 불구하고 '이때만 모면하면 된다'는 식으로 벌써 다른 원자력발전소가 재가동을 하고 있으며, 대량생산과 대량소비의 회사는 전혀 바뀌려고도 하지 않고, 오히려 대량의 전력을 소비하며 이산화탄소를 배출하여 지구온난화를 가속시키고 있다. 인간은 변함없이 욕망만을 채우고 쫓는 생활을 유지하려고 애쓴다. 즉 우리들의 생활은 대지진 이전과 이후 전혀 변하지 않은 채 머물러 있는 것이다. 생명을 희생하면서까지 지금 우리들의 생활이 잘못된 것을 가르쳐준 보살(지진피해자)의 은혜를 갚으려 하지 않는다면, 이러한 무표업이 내일의 우리들에게 공업으로서 어떤 과보를 가져올 것인가를 반드시 깊이 생각해 봐야 한다. 저 역시도 단순히 말로만 그친다면, 결과적으로 현 상황을 긍정하는 것에 지나지 않고 아무것도 하지 않은 사람들과 다를 바가 없을 것이다.

5. 신체성이 결여된 사회

해부학자가 본 현대사회

급속도로 발전하는 IT혁명에 의해 우리들의 생활이 격변하고 있고, 그에 사용되는 스마트폰과 컴퓨터 등의 기술의 진보는 눈부실 정도이다. 컴퓨터가 처음 등장했을 당시만 해도 큰 공간을 가득 채울 정도로 거대했던 것이 지금은 손안에 들어올 정도로 작아졌다. 그 기능은 어떤 의미에서 뇌 기능의 일부이지만, 작은 화면 속에서의 모습을 보고 있으면 마치 뇌 속에서 일어나는 일들을 시각화한 것이라는 묘한 착각을 불러온다.

이러한 상황을 두뇌화되는 사회라고 하며, 유뇌론唯腦論을 제창한 것이 해부학자인 요로우[養老 1989]이다. 유뇌론이란, '매크로 코스모스(외계·사회)는 마이크로 코스모스(뇌)를 반영한다'라는 입장을 기본으로 한다. 두뇌화사회는 정보사회·관리사회이며, 인공·인위적인 것은 모두 한 번은 뇌를 거친 것이라고 여긴다.

공원의 나무를 생각해 보자. 나무 그 자체는 자연이지만, 그 외는 인위·인공적인 것이다. 즉 인위·인공적인 것은 전부 뇌를 거친 것이다. 도시는 특히 이러한 인위·인공적인 것들이 넘쳐나는데, 극단적으로 말해 '도시에서 산다'는 것은 '뇌 속에서 산다'는 것과 같은 의미다.

뇌는 신경을 몸 전체에 전달하고, 정보를 수집하여 신체를 통제하고 관리한다. 즉 뇌는 예측과 통제를 하는 기관인 것이다. 왜 뇌는 신체를 예측하고 통제하려 하는가 하면, 신체는 예측과 통제(관리)에 반응하는 것이기에, 뇌는 신체를 예측가능한 것으로써 관리하고 규제하려는 것이다.

인간의 뇌는 '성'과 '폭력'을 엄격하게 규제한다. 이는 법률을 보면 명백하게 알 수 있다. 그 이유에 대해 요로우는, 성과 폭력은 신체성을 현저하게 상징하는 것이며, 뇌와는 정반대인 것이기 때문이라고 한다.

그러나 뇌는 그 탄생의 토대인 신체와 더불어 마지막에는 사라져 버린다. 그렇기에 뇌는 예측불가능한 '죽음'을 금기시하고 은폐하려고 한다. 현대사회의 죽음에 대한 금기시와 은폐의 태도를 뇌의 기능으로 설명할 수 있다는 것이 요로우의 입장이다.

우선 미디어에서 죽은 사람의 모습이 방송되는 경우는 거의 없다. 모자이크 처리나 가름막으로 가려진 모습만 비춰지는 것이 그것을 여실하게 말해 준다. 화장터도 마찬가지여서 그곳에서 시체를 화장하는 모습을 직접 보기는 어렵다. 그리고 최근에는 임바밍(embalming)이라고 하는, 죽은 사람을 방부처리하여 마치 살아 있는 것처럼 처리하는 기술도 생겨났다.

유뇌론에서 흥미로운 점은 군대나 단체에 남아 있는 체벌의 제도화도 설명된다는 점이다. 군대나 스포츠에서는 신체가 무엇보다 중요한데, 두뇌화가 지나치게 이루어져 신체성이 결여되면 전쟁도 시합도 성립될 수 없다. 그래서 반대로 신체성을 더욱 강화하기 위해 체벌과 같은 폭력이 제도화되는 것이라고 한다.

이처럼 시대가 흐를수록 그와 더불어 두뇌화도 진행되어 그 결과 점차 신체성도 결여되는 방향으로 나아갈 것이다.

기생충학자가 본 현대사회

신체성의 결여는 기생충 제거의 문제와도 관계되어 있다고 한다. 유니크한 관점에서 현대사회에 경종을 울린 것이 기생충학자인 후지타〔藤田 1998〕이다. 그는 비염이나 아토피 피부염 등의 알레르기성 질환이 증가한 원인을 인간의 몸 안에서 기생충을 제거했기 때문이라고 한다.

기생충은 IgE항체라는 물질을 인간에게 만들어 주는데, 그것이 알레르기 반응에 관계하는 세포의 표면을 덮어 그 움직임을 둔하게 만들고 알레르기 반응을 억제한다. 즉 기생충은 알레르기성 질환의 발생을 억제하는 역할을 하는 것이다.

'몸속에 살고 있는 벌레'는 신체성을 현저하게 상징하지만, 두뇌화가 이뤄지면 당연히 기생충은 배제의 대상이 되어 버린다. 그리하여 뇌는 인간과 기생충이 오랜 시간에 걸쳐 이룬 공생관계를 불과 수십 년밖에 안 된 위생관념을 근거로 기생충을 없애 버렸기에, 본래라면 크게 신경쓰지 않아도 되었을 질환까지도 신경쓰게 되었다고 한다.

후지타는 또한 '냄새'라는 측면에서도 현대사회의 문제점을 지적한다. 최근 체취부터 담배냄새에 이르기까지 온갖 냄새를 말끔하게 없애는 무취화가 이뤄지고 있는데, 향기를 파는 화장품까지도 미세한

향이나 무향을 찾는 사람들이 많고 관련 상품이 만들어지고 있다.

어떤 중년의 남성은 가족에게 "아버지가 화장실 쓰면 냄새가 지독하다"는 말을 듣고는 자신의 냄새가 신경쓰이기 시작해 용변의 냄새를 줄여주는 약까지 복용하게 되었다고 한다. 이 약은 원래 인공항문을 수술한 사람이나 관련 환자를 위한 약품이었으나, 지금은 구매층의 약 40%가 젊은 회사원이라고 한다.

체취나 용변의 냄새 등도 신체성을 상징하는 것이지만, 두뇌화가 이뤄지면 동물에게 있어 중요한 자기주장의 사인도 자신이 스스로 없애게 되어 버린다. 이러한 사례에서도 현대사회는 신체성의 결여를 향해 나아가고 있다는 것을 알 수 있다.

아는 것과 바꾸는 것

처음에 소개한 해부학자 요로우와 물리학자인 사지〔佐治 2004: 85-87〕의 대담을 기록한 저서가 있어 소개하겠다. 어느 날 사지는 고등학교에서 물리를 담당하는 선생님들의 연수회에 초정되어 우주의 시작부터 인간에 이르기까지의 일반적인 이야기를 했다.

이야기가 끝나자, 국립대학에서 학위를 취득하고 훌륭한 업적을 쌓은 한 선생님이 사지를 찾아와 "선생님이 말씀하신 것은 전부 알고 있습니다. 그보다도 빅뱅이 일어나기 전에 어떤 움직임이 있었는지 그것에 대한 수학적인 이야기가 듣고 싶었습니다"라고 했다. 그 말에 대해 사지는 이렇게 대답했다.

「우주에 대한 것이 알고 싶다는 것은, 우주에 대해 당신이 공부하고 있는 것에 따라 당신의 인생이 어떻게 변했는가에 의해 알게 되는 것입니다. 당신은 학생들에게 수업을 통해 그들의 인생을 어떻게 변하게 할 것인가를 염두에 두고 지구과학을 강의하고 있습니까?」

그리고 사지는 "'아는 것'이 '바꾸는 것'이다"라고 결론짓고 있다. 이 이야기는 마음과 몸의 관계를 확인하는 데 시사적이기에 조금 더 깊이 생각해 보겠다.

안타까운 일이지만 괴롭힘에 의한 자살 문제가 끊이지 않고 있다. 뉴스에서는 피해를 입은 학생이 다니는 학교 교장의 인터뷰가 나오는데, 어느 학교의 교장이든 이구동성으로 '마음의 교육'의 중요성을 호소한다. 의업을 중시하는 불교의 입장에서도 틀린 것은 아니다. 그러나 필자는 이 이야기를 듣고 "신체가 잊혀지고 있는 것은 아닌가"라는 다소의 위화감이 느껴지기도 한다.

분명 불교는 의업을 중시한다. 그러나 인간의 행위로써 삼업이 설해지고 있다는 점도 잊어서는 안 된다. 세 가지를 합쳐 '인간의 행위'라고 여기며, 인간은 신체를 떠난 영적 존재가 아니다. 기본적으로 의업은 신체를 떠나서는 존재할 수 없다.

'아는 것'이란 머리(혹은 마음)의 이해이기에 의업, '바꾸는 것'이란 신체적인 행동의 변화이기에 신업(구업도 여기에 포함)에 해당되는데, 그렇다면 의업과 구업·신업의 관계를 어떻게 생각하면 좋을까? 여기서 수행의 의미에 대해 생각해 보겠다.

신체를 지닌다는 것의 의미

수행한다는 것의 의미는 무엇일까? 그것은 '아는 것'과 '바꾸는 것'을 예로 들면 '아는 것 → 바꾸는 것'이라는 방향과는 반대로 '바꾸는 것 → 아는 것'이라는 방향으로 이해할 수 있다.

'아는 것 → 바꾸는 것'이 '마음 → 신체'의 방향이기에, '바꾸는 것 → 아는 것'은 '신체 → 마음'의 방향인 것이다. 즉 행동이 '바뀌는 것'에 의해 어떤 경지를 '알게' 된다. 우선 모습(형태)에서부터 들어가야 한다.

붓다와 같은 초인(혹은 달인)이라면 갑자기 형이상적(언어를 초월한) 세계에 들어갈 수도 있다. 그리고 그 경지를 형이하(모습이 있는 세계)로 끌어내려, 그것을 언어나 수행이라는 형태로 표현할 수 있다.

다도 등도 마찬가지이다. 다도의 스승은 깊은 형이상적 세계에 들어가 그 경지를 '모습'으로써 형이하로 끌어내린다. 제자는 스승처럼 갑자기 형이상적 세계에 들어갈 수가 없기에, 스승이 형이하로 끌어내려 보여준 모습을 익히거나, 또는 그것을 따라 해서 형이상적 세계를 접하는 계기를 얻는다.

불제자도 그와 같다. 갑작스레 깨달음을 얻을 수는 없다. 그래서 붓다가 형이하적으로 가르쳐준 수행을 실천함으로써 깨달음의 경지를 체득하려는 것이다. '불살생·불투도·불사음·불망어·불음주' 등의 계율을 지킴으로써 악을 억제하고, 그것을 습관화하여 잘못된 행동을 하려 해도 자연스레 할 수 없게 되면, 그러한 '선의 습관화(율의)'가 결과로서 그 사람에게 깨달음을 가져다준다.

붓다와 같이 진리를 깨닫는다면 그 사람의 행동은 자연스럽게

'불살생·불투도·불사음·불망어·불음주'라는 방향으로 '바뀐다.' 즉 진리를 '알게' 됨으로써 그 사람의 행동은 악을 저지르지 않게 '바뀌는' 것이다.

그러나 범부가 갑자기 진리의 세계에 들어갈 수는 없다. 그래서 진리를 깨달은 사람의 행동을 따라 하여, 즉 진리를 깨달은 사람과 똑같이 행동을 '바꿈'으로써, 진리를 '알게' 되는 것을 목표로 하는 게 수행이고, 이처럼 방향의 전환에 수행의 의미가 있다.

마음과 신체의 관계는 쌍방향적이다. 생각(마음)이 변하면 행동(신체)이 변하고, 반대로 행동이 바뀌면 생각도 바뀐다. 그러나 사회가 두뇌화될수록 그 방향은 마음에서 신체로의 일방통행이 되어 마음과 신체의 밸런스가 무너져 버리게 된다.

건강하기에 큰 소리를 낼 수 있기도 하지만, 큰 소리를 내기에 건강해지는 경우도 있다. 즐겁기 때문에 웃기도 하지만, 웃으면 즐거워지는 것이다. 마음 교육의 중요성은 너무나 당연하지만, 신체의 교육도 잊어서는 안 된다. '마음'에 호소하기 전에 규칙적인 생활이나 제때 식사하는 습관 등을 '몸'에 익히게 한다면, 현재 일어나는 교육문제의 어느 정도는 자연스럽게 해결되지 않을까 생각하는데, 어쩌면 필자가 지나치게 낙관적으로 생각하는 것일지도 모른다.

신체성이 결여되고 두뇌화가 빨라지는 현대사회의 사람들이 신체를 지닌 살아 있는 존재라는 것을 다시금 인식하여, 유령이나 투명인간이 되지 않도록 주의시켜야 한다.

종장. 불교의 업사상이란?

신의 존재를 인정하지 않는 불교

세상에는 다양한 종교가 존재하고 있으며 지금도 생겨나고 있다. 그리고 전 세계적으로 수많은 신화가 존재하는데, 그중 창세신화도 있다. 신이 세상을 창조했다는 이야기는 지금의 현대인들에게는 다소 황당무계하게 들리겠지만, 어떤 의미에서는 오히려 받아들이기 쉽다.

그러나 불교는 신의 존재(정확히는 '존재의의')를 인정하지 않기에 신에 의한 창세신화는 존재하지 않고, 인간의 행복과 불행도 신과의 관계로 설명하지 않는다. 불교는 그에 관한 설명을 인간의 업에서 구하는데, 업이 세상을 만들고, 업이 인간의 행복과 불행을 결정짓는 것이다.

불전에 따르면, 붓다는 자신을 업론자·행위론자·정진론자라고 정의한다. 이것이 정말로 붓다가 말한 것인지는 알 수 없지만, 적어도 불교는 붓다를 그렇게 여겼으며, 그것에 불교의 입장이 표명되어 있다. 이 책에서 지금까지 살펴본 바와 같이, 붓다는 합리적 사상을 지니고 있어 인간의 노력(정진)을 부정하는 숙명론이나 우연론 등을 배척한다.

인과관계를 인정하지 않는다면 애초부터 수행 자체의 의미가 사라진다. 왜냐하면 수행(원인)하여 괴로움에서 해탈(결과)하는 것이 불교의 대전제이기 때문이다. 노력은 응당한 결과를 받아야 한다. 이것이 붓다의, 그리고 불교의 대전제이다.

그리고 제대로 된 종교인 이상 사회윤리를 무시해서는 안 된다. 불교는 최종적으로는 사회(세속)를 초월하는 걸 목표로 하지만, 그렇다고 해서 그 초월해야 할 사회를 처음부터 부정하는 것은 아니다.

출가자는 세속으로부터 출가하여 승가에 머물지만, 생산활동을 하지 않고 재가자의 보시로 의식주를 해결하기에 완전히 속세와의 관계를 단절한 것은 아니다. 그렇기에 승가는 사회의 도덕적·윤리적 요청에도 응해야 할 필요가 있다. 따라서 불교에서는 업이 중요한 테마가 되고, 그에 관한 정밀한 분석도 이뤄지게 된 것이다.

즉 내부적으로는 수행과 해탈의 인과관계를 정립하는 의미로, 외부적으로는 사회의 폐악수선이라는 도덕적·윤리적 요청에 응하는 형태로 업사상의 필요성이 인정되어진 것이라고 생각할 수 있다.

주관적 사실로서의 업

그러한 외부적, 또는 내부적인 필요성에 의해 불교는 업의 사상을 정비하고 발전시켜 체계화하였으나, 업에 관한 다양한 설들은 객관적 사실로서의 의미를 지니고 있지 않다. 불교에서 중요한 것은 "어떻게 괴로움으로부터 해탈할 것인가"(출가자), 또는 "어떻게 하면 괴로움으로 가득한 이 현실의 삶을 살아갈 것인가"(재가자)라는 것으로, 이를 위한 이론으로서만 업사상은 유효하게 기능한다.

업은 그러한 전제 하에 구축된 사상 체계이기에, 어떠한 전제도 없이 단순한 지적 호기심에서 해명하려는 자연과학적 사실(원리)과는 그 성격부터 다르다. 불교의 업이론의 결과가 과학적인 객관적 사실이나 원리와 부합하는 것도 있지만, 그것은 어디까지나 결과가 일치한 것뿐이지 처음부터 그런 것을 목적으로 한 것이 아니다.

불교의 업론은 괴로움을 극복하기 위한 주관적 사실이기 때문에, 그것을 모든 것에 적용하려 한다면 어딘가에서 모순과 어긋남이 생겨나는 건 당연한 일이다. 앞서 살펴본 바와 같이 불교의 업론에는 다양한 모순이 존재한다. 그것을 여기서 정리해 보도록 하겠다.

업론의 다양한 모순과 어긋남

윤회의 주체

붓다는 윤회에 대해 소극적(또는 부정적)이었다고 추측되지만, 붓다의 입멸 후 교단은 윤회를 전제로 교리를 체계화하기 시작한다. 여기서 우선 문제가 되는 것이, 무아를 설하는 불교에서 "윤회의 주체는 무엇인가"가 큰 문제가 된다. 불교는 '오온가합설五蘊假和合說'이라는 논법으로 이것을 극복하려 하였으나, 명쾌한 논리가 아니기에 다소 논란거리가 있다.

그리고 초기경전의 단계에서는 오온 중의 식(vijñāna/viññāna)이 윤회의 주체라고 여겨지게 되었다고 나카무라〔中村 1993: 648-651〕는 지적한다. 시대가 지나며 부파 중에서도 독자부(犢子部, 또한 그 흐름을 같이하는 정량부의 초기단계)는 윤회의 주체로 '사람/영혼'을 의미하는 '뿌드갈라(pudgala/puggala)'를 내세워 윤회설과의 모순을 해결하려고 했으며, 대승불교의 유식철학에 이르러서는 현대의 심리학에서 말하는 심층심리에 해당하는 '아뢰야식阿賴耶識'을 설하여 이것을 윤회의 주체로 여기게 된다.

또한 '무아(我가 없다)'로 번역되는 anātman/anattan이 본래 '비아(非我, 我가 아니다)'를 의미하며, '아' 자체를 부정한 것은 아니라고 설하는 학자까지도 생긴다(나카무라〔中村 1970: 79-99〕).

이처럼 시대가 지나며 윤회의 주체는 각각의 입장에서 해석이나 의미를 갖게 되고, 불교 내부에서조차 통일된 견해에 이르지 못하게 된다. 이러한 여러 해석과 의미가 생긴 이유는 업보윤회설이 객관적 사실이 아니라 주관적 사실이기 때문이다.

앙굴리마라 설화

윤회부정에서 윤회긍정으로 바뀌게 되며, 앙굴리마라 설화도 바뀌지 않을 수 없게 되었다. 살인이라는 악업을 저질렀음에도 금생에서 아라한이 되고 윤회를 초월하게 되었기에, 악업의 과보를 다음 생에 받을 수 없게 되어 버렸다. 그래서 업과를 미리 받거나, 죽기 직전에 지옥의 불에 타버리게 되며, 앙굴리마라가 수많은 고통을 받게 된다는 이야기가 생겨나게 된 것이다.

붓다의 다리 상처

다음으로 붓다의 다리 상처에 대해 생각해 보겠다. 초기경전에 붓다가 다리에 상처를 입은 장면이 나오는데 『밀린다왕문경』은 이것을 악업의 과보라고 여기지 않는다. 그에 비해 설일체유부의 문헌에서는 이를 붓다가 과거세에 지은 악업이라 보는데, 업의 불가피성의 원칙(정업)을 붓다에게도 엄격하게 적용한 것이다.

이 차이는 두 부파의 가치관의 차이에서 기인하는 것이다. 남방상좌부는 붓다가 한 명만 존재한다는 일불설이기에 붓다를 절대시하는 입장을 취하는데, 그런 붓다에게 악업이 있다는 것은 용납될 수 없다. 즉 부처를 중심(佛中心)으로 하는 것이다.

반면 설일체유부는 '5위 75법'이라는 법(존재)의 분석으로 알려져 있듯이, 법을 중시하기에 붓다도 법의 범주에 들어갈 뿐이다. 즉 법을 중심(法中心)으로 하는 것이다. 그렇기에 '붓다의 다리 상처'에 대해 전혀 다른 해석이 병립하게 된 것이다.

업의 소멸

업의 원칙에 충실한 설일체유부에도 업이 상쇄된다는 예외적 용례가 존재한다. 계율이 문란해진 세상에서나, 또는 업의 인과를 믿지 않는 사람들에게는 '자업자득', '업의 불가피성', '업의 불상쇄성' 등의 원칙이 유효하게 기능한다. 그러나 마음속 깊이 자신의 잘못을 참회하고 바꾸려는 사람에게 그러한 업의 원칙만을 적용하면 마치 상처에 소금을 뿌리는 듯한 고통과 가혹함을 주게 되는 경우도 생겨날 수 있다.

불교의 설법은 기본적으로 '대기설법對機說法'의 입장이다. 상대의 근기에 맞게 설법하는 것이지, 상대를 무시하고 일률적으로 똑같은 법만을 설하는 것이 아니다. 그렇다면 업의 원리 원칙을 최대한 중시하면서도 상대에 따라서는 예외적인 법을 적용하는 경우도 있지 않았을까?

이에 대해 불전의 내용에 일관성이 없기 때문에 이처럼 다르게 된 것이라고 비판할 것이 아니라, 당시의 불교도들이 괴로워하는 사람들이나 불교를 믿지 않는 사람들과 진지하게 마주해 왔다는 것을 증명하는 것이라고 이해해야 한다.

업과는 불가사의

지금까지 살펴본 내용을 단적으로 나타내는 경전의 문장을 소개하겠다. 『증지부』에서 붓다는 "비구들이여, 업의 과보는 불가사의하며, 사유할 것이 아니다. 이것을 사유하는 자는 광란이나 번뇌를 일으키는 자가 될 것이다"(AN ii 80.20-22)라고 설한다. 결국 끝에서는 '업의 과보는 사유할 수 없다'는 것이 되기에, 모든 것을 업으로 설명하려 하는 것은 위험하다고 할 수 있다.

연역법인가 귀납법인가

이상의 내용과 같이, 어떤 경우를 보더라도 업에 관한 사상에는 모순이나 어긋남이 존재하고 있다. 그럼 이러한 모순이나 어긋남이 무엇을 의미하는가를 연역법演繹法과 귀납법歸納法이라는 관점에서 생각해 보겠다.

연역법으로 업사상을 살펴보면, 우선 자업자득 등의 원리 원칙이

전제로 존재하고, 그것을 토대로 경전이나 설화가 창작된 것이 되기에, 연역법에 의한 업의 이해에서는 예외적 용례가 허용될 수 없다. 그러나 앞서 살펴본 바와 같이 예외적인 용례가 상당히 많이 존재하는데, 이는 연역법에서는 출발점이 되는 전제(업의 원리 원칙을 객관적 사실로 여기는 것)가 애초부터 틀린 것이 된다.

반면 귀납으로 업사상을 살펴보면, 불전의 곳곳에서 '여러 예외적 용례가 존재한다'는 사실에서 시작하기에 '업을 보편적 법칙이나 객관적 사실로 여길 수 없다.' 바꿔 말하면 '불교의 업사상은 주관적 사실(자신에게만 의미가 있는 사실)로 이해해야 하는 것'이라는 결론에 이르게 된다. 불교의 업사상은 귀납법으로 이해해야 한다는 것이 필자의 견해이다.

업사상은 출가자이든 재가자이든 현실의 괴로움을 극복하기 위해 고안해 낸 이론이지, 인간의 모든 행위를 보편적으로 다 설명하려는 객관적 법칙으로 생각해 낸 것이 아니다. 원리 원칙을 무시하며 경전이나 설화를 만든 것은 아니지만, 원리 원칙을 백 퍼센트 반영하여 경전이나 설화를 만든 것도 아니다.

사바세계를 살아가기 위해

이 세상은 사바세계(忍土)이다. 이 사바세계에는 우리들의 상상을 훨씬 뛰어넘는 사건·사고·재해가 너무나도 당연한 듯 일어나고 있다. 왜 그런 가슴 아픈 일들이 일어나는 것인가? 그 사고로 왜 소중한 사람들이 목숨을 잃어야만 하는가? 이 지역만이 재해를 입은 이유는 무엇인가? 예를 들려고 하면 끝도 없을 지경이다.

한편, 이 사바세계에 살고 있는 사람들은 의미나 이유를 구하는 동물이다. 의미를 찾을 수 없거나 이유를 알 수 없는 경우, 인간은 불안해지며 머리를 쥐어 잡는다.

인간의 지식이 높다고 여기지만, 그럼에도 없는 머리(지혜)를 쥐어 짜며 그 의미와 이유를 생각하려 한다.

시베리아 강제수용소나 아우슈비츠 강제수용소에서는 어떤 장소에 구멍을 뚫게 한 다음, 조금 시간이 지난 뒤 다시 그 구멍을 메우게 하는 작업을 매일 반복해서 시키는 고문이 있다고 한다. 도스토옙스키(Dostoevsky)의 『죽음의 집의 기록(Notes from the House of the Dead)』에도 나오는데, 이 무의미한 노동을 강요당한 사람은 발작을 일으키거나 죽는 사람도 있었다고 한다. 의미나 이유를 구하는 사람에게 있어 무의미한 작업은 마치 '죽음'을 의미하는 것과 같다.

빅토르 프랑클(Victor Frankl)의 『밤과 안개(Night and Fog)』에는 다음과 같은 내용이 나온다.

강제수용소에 갇힌 사람들을 내적으로 긴장시키기 위해서는, 우선 내일의 어떤 목적을 갖도록 하는 것을 전제로 한다. 죄수에 대한 모든 심리치료적 혹은 정신위생적 행동이 따라야 할 표어로서는, 아마도 니체의 "왜 살아야 하는지를 아는 자는 대부분 어떻게 살 것인가로 견뎌낼 수 있다"라는 말이 가장 적당할 것이다. 즉 죄수가 현재 생활의 무서운 '어떻게'(상태)에, 다시 말해 수용소 생활의 비참함에 내적으로 저항하며 몸을 유지시키게 하기 위해서는 죄수에게 그 살기 위한 '왜'라는 목적을 의식시키지

않으면 안 되는 것이다.(프랑클〔1961: 182〕)

불합리하기 짝이 없는 사바세계에서 의미나 이유를 구하지 않고는 못 배기는 인간이 어떻게든 희망을 잃지 않고 살아가기 위해서는 그 두 가지(사바세계(비합리・불합리)와 인간(합리))를 결부시킬 방법이 필요한데, 그것이 바로 업사상, 그중에서도 업보윤회사상이었다고 생각된다.

그러한 이유나 의미를 구하기 위해 신화의 힘에 기대는 것은 현대사회에 있어 지나치게 정서적이기에, 오히려 그 반대로 이해하기 어려운 사회현상을 조금이나마 지성적이거나 이성적으로 이해하려고 할 때 불교가 오랜 세월에 걸쳐 구축해 온 업의 사상이 유효하게 기능하게 될 것이며, 지금까지도 그렇게 해 왔던 것이다.

신화의 영역에 안이하게 들어가지 않고 아슬아슬한 선에서 지성・이성의 영역에 머물며, 이 비합리적이고 불합리한 현실을 가능한 한 합리적으로 이해하기 위한 지적 노력, 그것이 이 책에서 지금까지 살펴본 불교의 업사상의 체계라고 말할 수 있을 것이다.

"업사상, 특히 업보윤회사상은 지성・이성이 낳은 합리적 신화이다"라는 것이 이 책을 마무리하는 시점에 필자의 솔직한 생각이다.

마치며

이 책은 교토문교대학(京都文敎大學)의 학장이 된 뒤 실질적으로 3권째의 저서이다. 앞서 출판한『대승경전의 탄생 – 불전의 재해석으로 되살아나는 붓다』(2015년)에 이어 같은 치쿠마선서(筑摩選書)에서 출판하게 되었다.

　고등교육에 세간의 엄격한 눈이 향하고 있는 요즘 "대학의 행정으로도 바쁠 텐데 학장이 돼서 책이나 출판해서 되겠나!"라고 말하는 대학교수도 있다. 물론 그렇게 생각할 수도 있다.

　하지만 다소 변명을 늘어놓자면, 우선 마땅히 해야 하는 대학 행정을 대충 해놓고 집필을 한 것은 결코 아니다. 분명 지나치게 업무도 많고, 스트레스도 많고, 고독하다. 그런 속에서 정신의 밸런스를 잡기 위해서는 스트레스 해소법이 필요하다. 그 방법이 사람마다 다르지만, 나의 경우는 학술적인 '무언가'와 마주하고 있는 자신을 확인하는 것이다. 그렇기에 부지런히 시간을 보내며 틈틈이 그러나 착실하게 써내려 왔다.

　하지만 연구서를 하나 만들려면 상당한 각오와 시간이 필요하기에 그런 식으로 한다면 본래의 업무에 지장을 줄 수밖에 없다. 그래서 한동안은 연구를 봉인하기로 했다. 하고 싶은 연구도 몇 가지 있었으나, 우선 지금은 그동안 쌓아온 연구(그렇다고 해서 그렇게 대단한 것도 아니지만)를 활용해 일반서적을 출판하기로 했다. 무엇을 위해서인가?

　학장을 비롯한 대학교원에게는 연구와 교육 이외에 제3의 사명으로서 사회공헌이 있다. 이 책은 연구서가 아닌 불교의 가르침을 알기 쉽게(라고 생각해주면 감사하겠다) 해설한 일반서적이기에, 나는 이것을 스스로의 사회공헌 활동이라고 생각한다. 일반서적이라고 해서 완전히 학술적인 것과 거리를 두고 싶지는 않았다.

　그렇게 생각하게 된 데에는 작은 이유가 있다. 2011년부터 3년간 부학장으로 일했다. 그것도 충분히 힘들었는데, 어떻게 된 것이 그 일을 마친 뒤 2014년부터 학장이 되어 버렸다. 당시 학교의 직원인 나카무라 리에코(中村里江子) 씨로부터 요시노 히로시(吉野弘)의 '자기 자신에게(自分自身に)'라는 시가 적힌 카드를 선물 받았다.

　　다른 사람을 격려할 수 있어도
　　자신을 격려하기는 쉽지 않다.
　　그러니까… 라고 말해야 하나
　　그러나… 라고 말해야 하나
　　자신이 아직 피고 있는 꽃이라고
　　생각할 수 있다면 그렇게 생각해도 된다.
　　조금 창피한 것을 무릅쓰고
　　조금 무리를 해서라도
　　옅은 즐거움 속에
　　자신을 내버려 둬도 괜찮다.

학장이 되었다고 모든 것을 포기하고 대학 행정에만 전념해야겠다고 생각하고 있었는데, 이 시를 읽고 마음이 바뀌었다. "스스로 '아직 피고 있는 꽃'이라고 생각할 수 있는 동안은 대학 행정과 학술활동(비록 아주 조금이라도)을 할 수 있는 데까지 부딪히며 해보고 싶다. 자신이 자신을 격려해야 하기에 창피한 것도 분명 있지만, 조금 무리를 해서라도 옅은 즐거움 속에 자신을 놔둬 보겠다"라는 마음이 생겼다.(리에코 씨 감사합니다!)

나에게는 연구자로서의 긍지도 있어서 그리 간단히 버릴 수 없다. 대학 행정으로 스트레스를 받더라도, 그 부정적 에너지를 반대로 유익한 활동에 사용해 비록 일반서적이라도 책을 출판하여, 거기서 얻어지는 바른 긍정적 에너지를 다시 대학 행정에 사용한다면 일석이조가 아니겠는가. 언제까지 이어질지 모르겠지만, 마치 오타니 쇼헤이와 근성을 겨루기라도 하듯 이어가려 한다. 근데 너무 격의 차이가 크기에 오타니 이야기는 이 정도만 하겠다.

이 책을 쓰게 된 데는 작은 계기가 있었다. 2013년 승려의 인격계발을 목적으로 정토종에서 『업을 바라보며(業を見すえて)』라는 책을 출판했다. 그러나 분량도 적고, 인격계발이라는 소정의 편집방침도 있어 내가 표현할 수 있는 글자수와 내용이 한정되어 있었다.

편집회의에서 인도불교부터 일본불교에 이르는 업사상을 선배 3명과 정리하며 보다 자유롭게 내 생각을 표현해 보고 싶어졌다. 그리고 앞서 출판한 『대승경전의 탄생』을 집필하며 여유가 생길 때마다 이 책의 목차를 만들었던 것이 그 시작이 되었다.

그래서 이 책을 출판하며 그때 얻었던 지식이나 경험이 토대가 되어 주었다는 것을 여기서 꼭 남겨두고 싶었다. 특히 은사이신 불교대학 교수 혼죠 요시후미(本庄良文) 선생님으로부터 그때도, 그리고 이 책을 집필할 때도 많은 유익한 지도를 받았다.(이분 보통사람이 아니다!) 이 지면을 빌려 감사 인사를 올린다.

마지막으로, 이번에도 치쿠마서점의 이토 다이고로(伊藤大五郎) 씨에게 깊은 감사를 드린다. 이 책의 구상을 이야기하며 진심으로 흥미를 갖고 출판을 향해 다소 위축된 나의 모티베이션을 끝까지 붙잡아주었다. 이토 씨 이번에도 정말 감사했습니다.

2016년 8월 27일
히라오카 사토시

역자 후기

히라오카 선생님을 처음 뵌 건 박사과정 1년차 때였다. 지도교수이신 사사키 시즈카 선생님께서 매주 『사만타파사디카』 스터디를 하셨는데, 우연한 계기로 함께 자리하게 되었다. 선생님의 학술 활동은 두말할 필요도 없이 너무나 뛰어나고, 저서와 논문도 대부분 읽었기에 그 자리에 함께한 내 눈에 비쳐진 선생님의 모습은 마치 삼장법사와 같았다.

그러던 중 이 책의 집필 소식을 접했고 큰 기대감을 가졌다. 책이 나오자마자 곧바로 한 글자도 빠짐없이 정독하였다. 불교의 다소 난해한 학술적인 면을 이렇게도 알려줄 수 있다는 것에 큰 감탄을 하였고, 선생님께 이 책을 한국에서 꼭 출판하고 싶다고 말씀드리니 너무나 기뻐하시며 꼭 그리해 달라 하신 것을 9년이 지난 오늘에서야 부응할 수 있게 되어 죄송스러우면서도 한편으로 무척 기쁘다.

불교를 처음 접하면 경전의 독경과 절 등의 수행을 하게 되고, 점차 그 가르침을 이해하고 탐구하다 보면 우리 삶과 밀접한 관련이 있다는 것을 자연스레 깨닫게 된다. 그리고 필연적으로 마주하게 되는 것이 바로 '업'의 문제이다. 자업자득·인과응보라는 인과율로 모든 것을 설명하는 불교에서 업을 어떻게 이해하는가에 따라 전혀 다른 모습이 펼쳐진다. 더구나 창조주인 '신'의 존재를 인정하지 않는 불교에서는 우리의 삶, 나아가 모든 것들의 유기적인 관계를 업으로 설명하고 있기에 업에 관한 바른 이해와 그 변천을 파악하는 것은 무엇보다 중요하다. 그리고 우리나라에서 일반적으로 업이라 하면, 대부분 부정적 이미지의 '악업'만을 떠올리지만, 우리가 살아가며 그렇게 바라는 세속적 성공을 이루어 주는 '선업'도 업이다. 그렇기에 업의 양면성과 그 선과 악의 기준과 과보를 바르게 알 때 이 세상, 사바세계라는 곳에서 자신의 삶과 그 길을 명확하게 확인할 수 있다.

또한, 불교의 궁극적 목표인 깨달음이라는 것에 이르기 위한 업의 극복과 무기업에 관한 인식은 수행의 중요한 나침반이 되어 준다. 수행을 하면서도 사람들과 관계를 갖게 되고, 그 안에서 신구의 삼업을 토대로 살아갈 수밖에 없는 것이 우리의 모습이고 현실이다. 그렇기에 삼업을 어떻게 다스려 업이 아닌 법으로 이 현실세계를 살아가야 하는가는 불교도에게 있어 무엇보다 중요한 것이다.

이 책을 처음 읽고 난 뒤 곧바로 다시 정독을 하며 느낀 것이, 바로 이러한 불교에서의 업을 섬세하게 설명하면서도 편안하게 이해할 수 있도록 쓰여 있다는 점에 다시금 놀라며 많은 공부를 했었다. 그리고 이제 이 책을 통해 제가 배우고 느낀 업의 중요성과 무서움을 우리나라의 불제자 분들에게 전할 수 있게 되어 너무나 기쁘다.

책의 번역을 시작한 것은 2024년 4월이었지만, 여러 개인적 사정이 생기며 출판이 1년이나 늦어졌다. 그 기간 동안 아직 있지도 않은 독자들과 공부하는 분들에게 미안한 마음이 컸다. 하루라도 빨리 이 책의 내용을 전해 준다면 불교를 더 깊고 흥미있게 배울 수 있을 텐데 라며 스스로를 경책했다. 그리고 이 책은 해인사승가대학에서 출판을 하여 함께 수행한 우리 스님들과 제자들에게 직접 강의를

해 주고 싶었지만, 시절인연과 업의 이끌림에 의해 올해 3월 해인사에서의 수행을 회향하게 되어 문경의 주석산방에서 탈고를 하게 되었다. 그래도 경사스러운 소식(慶)이 들려온다는(聞) 문경에서 이 책을 마치고 출판하게 되어, 함께 지내는 도반 준한 스님과 이곳을 마련해주신 수월보살님께 깊은 감사를 드린다. 그동안 사사키 시즈카 선생님의 역작들을 번역하는 데 집중하다가 이번에 처음으로 다른 선생님의 책을 번역하게 되었다. 게다가 저자가 히라오카 선생님이라는 것에, 이 기회가 생겨난 연기적 인연과 좋은 업에 기쁨을 느낀다.

끝으로 이 책이 출판되는 데 많은 도움을 주신 동국대 이자랑 교수님과 진흥원 고영인 부장님, 원만히 판권을 구해 주신 운주사 김시열 대표님께 이 자리를 빌려 깊은 감사의 인사를 드린다. 9년이라는 긴 시간을 해인사승가대학에서 지내다가 처음으로 다른 수행처에서 지내게 되면서 한편으로 겁도 나고 불안감도 많았으나 그때마다 큰 의지처가 되어 준 51기 도반스님들과 자연심 보살님, 보현행 보살님을 비롯한 소중한 인연들에게 이루 표현할 수 없을 정도로 감사함을 느낀다. 그리고 새로운 수행의 길에서 저의 손을 잡아 주신 화암사 혜광 스님과 불교대학의 모든 분들, 불암사 일면 대종사님과 주지 법정 스님을 비롯한 불교대학과 모든 신도분들, BTN 불교TV의 성우 대종사님과 구본일 사장님, 최인휴 PD와 BTN 식구분들께도 감사의 인사를 드린다. 마지막으로 해인사의 제자들과 인연들에게 끝까지 함께해 주지 못해 미안한 마음을 담아 합장예경을 올린다.

아직도 내 자신이 어느 방향을 향해 어떤 길을 걷고 있는지 모르겠다. 그저 오늘 하루 내 앞에 다가오는 순간에 집중하고 그것이 바른 업이 되어 법으로 이끌어 주길 바라는 마음뿐이다. 설령 틀렸어도 잘못되지 않고 서툴러도 나쁘지 않은 수행자의 삶을 살아가고 싶다. 이 책은 그런 지금 이 순간의 내 감정과 생각을 대변하는 것이다. 불교와 함께하는 모든 분들에게 불교를 바르게 알게 해 주고 불교적으로 살아가는 나침반이 되어 주길 간절히 발원드리며 시절인연의 한순간을 지나 보낸다.

2025년 10월 4일

법장 합장

인용문헌 및 주요 참고문헌

赤沼智善 1981. 「釋尊の四衆について」『原始佛教之研究(腹刻版)』京都: 法藏館, 383-430.
荒 和雄 2009. 『よい世襲, 悪い世襲』東京: 朝日新聞出版.
一鄕正道 2001. 「仏教に触れる道」『仏教學セミナー』74, 1-19.
岩本 裕 1980. 『仏教と女性(レグレス文庫123)』東京: 第三文明社.
大塚公子 1992. 『あの死刑囚の最後の瞬間』東京: ライブ出版.
榎本文雄 1978. 「āsravaについて」『印度學仏教學研究』27-1, 158-159.
梶山雄一 1983a. 『空の思想: 仏教における言葉を沈黙』京都: 人文書院.
　　 1983b. 『「さとり」と「廻向」: 大乗仏教の成立(講談社現代新書711)』東京: 講談社.
　　 1989. 『輪廻の思想』京都: 人文書院.
河合隼雄 1992. 『河合隼雄 その多様な世界: 講演とシンポジウム』東京: 岩波書店.
　　 1998. 『こころの處方箋(新潮文庫)』東京: 新潮社.
雲井昭善 1979. 『業思想研究』京都: 平樂寺書店.
三枝充悳 1990. 『仏教入門』東京: 岩波書店.
　　 1999. 『ブッタとサンガ: 〈初期仏教の原像〉』京都: 法藏館.
坂本(後藤) 純子 2015. 『生命エネルギー循環の思想: 「輪廻と業」理論の起源と形成(RINDAS伝統思想シリーズ24)』京都: 龍谷大學現代インド研究センター.
櫻部 建 1974. 「功徳を廻施するという考え方」『仏教學セミナー』20, 93-100.
佐々木現順 1980. 『業の思想(レグレス文庫128)』東京: 第三文明社.
佐々木閑 1996. 「比丘になれない人々」『花園大學文學部研究紀要』28, 111-148.
　　 2000. 『インド仏教変移論: なぜ仏教は多様化したのか』東京: 大藏出版.
佐治晴夫 2004. 『對談「わかる」ことは「かわる」こと』東京: 河出書房新社.
定方 晟 1973. 『須弥山と極樂: 仏教の宇宙觀(講談社現代新書330)』東京: 講談社.
下田正弘 1997. 『涅槃経の研究: 大乘経典の研究方法試論』東京: 春秋社.

佐藤弘夫 2008. 『日蓮「立正安國論」全譯注 (講談社學術文庫1880)』東京: 講談社.
淨土宗 2013. 『業を見すえて (淨土宗人權教育シリーズ5)』京都: 淨土宗出版.
杉本卓洲 1993a.『菩薩: ジャータカからの探求(サーラ叢書29)』京都: 平樂寺書店.
　　　1993b.『撰集百縁経(新國譯大藏経・本縁部2)』東京: 大藏出版.
田村芳朗 1980.「代受苦: 菩薩と苦」『仏教思想5 (苦)』京都: 平樂寺書店.
辻直四郎 1967.『インド文明の曙: ヴェーダとパニシャッド(岩波新書)』東京: 岩波書店.
　　　1970.『リグ・ヴェーダ讚歌(岩波文庫)』東京: 岩波書店.
中坊公平 1999.『罪なくして罰せず』東京: 朝日新聞社.
中村 元 1963.『淨土三部経 上 (大無量壽経)』東京: 岩波書店.
　　　1968.『インド思想史・第2班 (岩波全書213)』東京: 岩波書店.
　　　1970.『原始仏教』東京: 日本放送出版協會.
　　　1988.『インド人の思惟方法: 東洋人の思惟方法Ⅰ (中村元選集 [決定版] 第1卷)』東京: 春秋社.
　　　1993.『原始仏教の思想: 原始仏教5 (中村元選集 [決定版] 第15卷)』東京: 春秋社.
中村元・早島鏡正 1963.『ミリンダ王の問い1: インドとギリシアの對決 (東洋文庫7)』東京: 平凡社.
並川孝儀 1998.「仏教の行爲論とその研究意義」『佛教大學報』48, 22-25.
　　　2001.「ブッタの過去の惡業とその果報に關する伝承」『仏教學淨土學論集(香川孝雄博士古稀記念論集)』京都: 永田文昌堂.
　　　2005.『ゴータマ・ブッタ考』東京: 大藏出版.
干潟龍祥 1981.『ジャータカ概觀』東京: 春秋社.
干潟龍祥・高原信一 1990.『ジャータカ・マーラー〈本生談の花鬘〉(インド古典叢書)』東京: 講談社.
平岡 聰 2002.『說話の考古學: インド仏教說話に秘められた思想』東京: 大藏出版.
　　　2007a・b.『ブッタが謎說く三世の物語:『ディヴィヤ・アヴァダーナ』全譯出』(全2卷) 東京: 大藏出版.
　　　2008.「アングリマーラの〈言い譯〉: 不合理な現實の合理的理解」『仏教學セミナー』87, 1-28.

2010.「インド仏教における差別と平等の問題: 業報輪廻説の功罪」『京都文教大學臨床心理學部研究報告』2, 65-74.

2012.『法華経成立の新解釋: 仏伝として法華経を讀む解く』東京: 大藏出版.

2015.『大乘経典の誕生: 仏伝の再解釋でよみがえるブッダ』東京: 筑摩書房.

平川 彰 1989a.『初期大乘と法華思想 (平川彰著作集第6巻)』東京: 春秋社.

1989b.『初期大乘仏教の研究 I (平川彰著作集第3巻)』東京: 春秋社.

1990.『初期大乘仏教の研究 II (平川彰著作集第4巻)』東京: 春秋社.

1995.『二百五十戒の研究 IV (平川彰著作集第17巻)』東京: 春秋社.

藤田雄一郎 1998.「「共生」の健康學: ヒトは微生物を排除して生きられるか」『季刊仏教 (No.43): 特集・共生の思想』京都: 法藏館.

藤本 晃 2006.『廻向思想の研究: 餓鬼救濟物語を中心として』浜松: 國際仏教徒協會.

2007.『死者たちの物語:『餓鬼事経』和譯と解説』東京: 國書刊行會.

舟橋一哉 1954.『業の研究』京都: 法藏館.

フランクル, ヴィクトール 1961.『夜と霧: ドイツ強制收容所の體驗記録』東京: みすず書房.

本庄良文 2015.「輪廻する生き物たち」/ 青原令知(編)『俱舎: 絶ゆることなき法の流れ(龍谷大學仏教學叢書4)』京都: 自照社出版.

増谷文雄 1971.『業と宿業 (講談社現代新書244)』東京: 講談社.

水野弘元 1972.『仏教要語の基礎知識』東京: 春秋社.

八尾 史 2013.『『根本説一切有部律藥事』東京: 連合出版.

山崎守一 2010.『沙門ブッタの成立: 原始仏教とジャイナ教の間』東京: 大藏出版.

山下博司 2014.『古代インドの思想: 自然・文明・宗教 (ちくま新書1098)』東京: 筑摩書房.

山本周五郎 2008.『雨あがる』東京: 角川春樹事務所.

湯田 豊 2000.『ウパニシャッド: 翻譯および解説』東京: 大東出版社.

養老孟司 1989.『『唯脳論』東京: 青土社.

渡辺研二 2005.『ジャイナ教: 非所有・非暴力・非殺生 その教義と實生活』東京: 論創社.

Nattier, J. 1991. *Once upon a Future Time: Studies in a Buddhist Prophecy of Decline*, Fremont: Asian Humanities Press.

2003. *A Few Good Men: The Bodhisattva Path according to the Inquiry of Ugra* (Ugraparipṛcchā), Honolulu: Univ. of Hawai'i Press.

Olivelle, P. 1998. T*he Early Upaniṣads: Annotated Text and Translation*, Oxford: Oxford University Press.

de La Vallée Poussin, L. 1927. La morale bouddhique, Paris.

지은이 히라오카 사토시(平岡聰)

1960년 교토시 출생.
불교대학佛教大学 문학부 불교학과를 졸업하고 미시간대학 아시아언어문화학과에 유학하였으며, 불교대학 대학원 문학연구과 박사과정을 수료하였다. 교토문교대학(京都文教大学) 교수와 학장, 교토문교학원 학원장을 역임하였다.
저서로 『大乘経典の誕生』(筑摩選書), 『ブッダと法然』(新潮新書), 『法華経成立の新解釈』(大蔵出版) 등이 있다.

옮긴이 법장法長

해인사승가대학을 졸업하고 일본 하나조노대학에서 문학박사학위(보살계와 율장 전공)를 받았다. 일본 국제선문화연구소 연구원과 해인사승가대학 학감을 역임하고, 현재 동국대학교 WISE캠퍼스 겸임교수, 대한불교조계종 교육아사리로 있으면서 BTN불교TV '투계더'를 진행하고 있다.
불교학술진흥상 최우수상(2017), 일본 인도학불교학회 학회상(2018), 은정학술상(2021), 불이상 연구분야(2022) 등을 수상하였다.
주요 저서로 『과학의 불교』, 『인터넷카르마』, 『범망경 주석사 연구』, 『산스크리트어 문법』 등이, 주요 논문으로 「태현의 『범망경고적기』에 관한 고찰」, 「원효의 『범망경』 주석서와 천태지의의 『보살계의소』의 비교연구」, 「승장의 『보살계술기』에 나타난 중생에 대하여」, 「『범망경』주석서의 기론론에 관한 연구」 등이 있다.

대원불교 학술총서 38 업이란 무엇인가

초판 1쇄 인쇄 2025년 10월 31일 | 초판 1쇄 발행 2025년 11월 7일
지은이 히라오카 사토시 | 옮긴이 법장
펴낸이 김시열 | 펴낸곳 도서출판 운주사
    (02832) 서울시 성북구 동소문로 67-1 성심빌딩 3층
    전화 (02) 926-8361 | 팩스 0505-115-8361
ISBN 978-89-5746-877-903-3 93220 값 18,000원
http://cafe.daum.net/unjubooks 〈다음카페: 도서출판 운주사〉